Super M

Förderheft

3

Herausgegeben von
Ursula Manten

Erarbeitet von
Ursula Manten
Ariane Ranft
Gabi Viseneber

Illustrationen von
Eve Jacob
Martina Leykamm
Dorothee Mahnkopf

Cornelsen

Addition und Subtraktion

①
47 + 25 = 72
47 + 20 = 67
67 + 5 = 72

a) 35 + 12 =

b) 59 + 21 =

c) 38 + 36 =

d) 49 + 15 =

e) 68 + 26 =

f) 76 + 32 =

g) 87 + 45 =

h) 98 + 57 =

②
75 – 46 = 29
75 – 40 = 35
35 – 6 = 29

a) 67 – 24 =

b) 84 – 34 =

c) 54 – 17 =

d) 73 – 36 =

e) 91 – 45 =

f) 76 – 32 =

g) 87 – 45 =

h) 98 – 57 =

③ Ergänze zu 100.

a) 95 + ____ = 100
94 + ____ = 100
93 + ____ = 100
92 + ____ = 100
91 + ____ = 100

b) 50 + ____ = 100
30 + ____ = 100
60 + ____ = 100
20 + ____ = 100
40 + ____ = 100

c) 85 + ____ = 100
75 + ____ = 100
65 + ____ = 100
55 + ____ = 100
45 + ____ = 100

d) 1 + ____ = 100
11 + ____ = 100
21 + ____ = 100
31 + ____ = 100
41 + ____ = 100

④ Zahlenmauern

a)
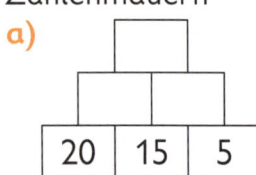
20 | 15 | 5

b)
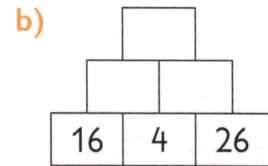
16 | 4 | 26

c)
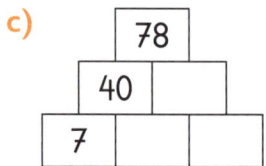
78
40
7

① Male die Ergebnisse der Einmaleinsreihe an.

a) Einmaleins mit 2

1	2	3	4	5	6	7	8	9	10
11	12	13	14	15	16	17	18	19	20
21	22	23	24	25	26	27	28	29	30
31	32	33	34	35	36	37	38	39	40
41	42	43	44	45	46	47	48	49	50
51	52	53	54	55	56	57	58	59	60
61	62	63	64	65	66	67	68	69	70
71	72	73	74	75	76	77	78	79	80
81	82	83	84	85	86	87	88	89	90
91	92	93	94	95	96	97	98	99	100

b) Einmaleins mit 5

1	2	3	4	5	6	7	8	9	10
11	12	13	14	15	16	17	18	19	20
21	22	23	24	25	26	27	28	29	30
31	32	33	34	35	36	37	38	39	40
41	42	43	44	45	46	47	48	49	50
51	52	53	54	55	56	57	58	59	60
61	62	63	64	65	66	67	68	69	70
71	72	73	74	75	76	77	78	79	80
81	82	83	84	85	86	87	88	89	90
91	92	93	94	95	96	97	98	99	100

c) Einmaleins mit 10

1	2	3	4	5	6	7	8	9	10
11	12	13	14	15	16	17	18	19	20
21	22	23	24	25	26	27	28	29	30
31	32	33	34	35	36	37	38	39	40
41	42	43	44	45	46	47	48	49	50
51	52	53	54	55	56	57	58	59	60
61	62	63	64	65	66	67	68	69	70
71	72	73	74	75	76	77	78	79	80
81	82	83	84	85	86	87	88	89	90
91	92	93	94	95	96	97	98	99	100

② Supereinfache Super-Päckchen

a)
$1 \cdot 2 =$
$1 \cdot 3 =$
$1 \cdot 4 =$
$1 \cdot 5 =$
$1 \cdot 6 =$
$\cdot 7 =$
$\cdot 8 =$
$\cdot 9 =$

b)
$2 \cdot 2 =$
$2 \cdot 3 =$
$2 \cdot 4 =$
$2 \cdot 5 =$
$2 \cdot 6 =$
$\cdot =$
$\cdot =$
$\cdot =$

c)
$5 \cdot 2 =$
$5 \cdot 3 =$
$5 \cdot 4 =$
$5 \cdot 5 =$
$5 \cdot 6 =$
$\cdot =$
$\cdot =$
$\cdot =$

d)
$10 \cdot 2 =$
$10 \cdot 3 =$
$10 \cdot 4 =$
$10 \cdot 5 =$
$10 \cdot 6 =$
$\cdot =$
$\cdot =$
$\cdot =$

③ Die Kernaufgaben helfen.

a)
$6 \cdot 2 =$
$6 \cdot 2 = 5 \cdot 2 + 1 \cdot 2$
$6 \cdot 5 =$
$6 \cdot 5 = \quad \cdot \quad + \quad \cdot$
$6 \cdot 7 =$
$6 \cdot 7 = \quad \cdot \quad + \quad \cdot$

b)
$4 \cdot 3 =$
$4 \cdot 3 = \quad \cdot \quad - \quad \cdot$
$4 \cdot 6 =$
$4 \cdot 6 = \quad \cdot \quad - \quad \cdot$
$4 \cdot 9 =$
$4 \cdot 9 = \quad \cdot \quad - \quad \cdot$

④ Schreibe und rechne zu jedem Zettel die passende Aufgabe.

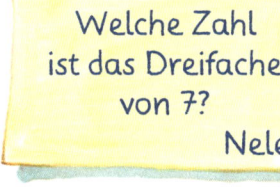
Welche Zahl ist das Doppelte von 8?
Max

Errechne das Vierfache von 5.
Lena

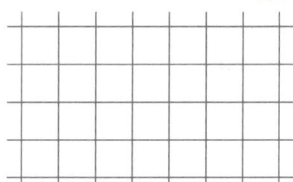
Das Fünffache meiner Zahl ist 30.
Anne

Welche Zahl ist das Dreifache von 7?
Nele

SB ▶ 6/7 AH ▶ 4 A ▶ 3

Division

① Male, rechne und schreibe.

a)

Immer 3 Bonbons in eine Tüte.

Die Bonbons reichen

für ___ Tüten.

Immer 7 Bonbons in eine Tüte.

Die Bonbons reichen

für ___ Tüten.

b)

In jede Tüte gleich viele.

In jede Tüte kommen ___ Bonbons.

In jede Tüte gleich viele.

In jede Tüte kommen ___ Bonbons.

② Aufgaben und Proben – Was passt zusammen? Verbinde.

$30 : 6 =$ ___

$32 : 4 =$ ___

$64 : 8 =$ ___

___ $\cdot 8 = 64$

___ $\cdot 4 = 32$

___ $\cdot 6 = 30$

$18 :$ ___ $= 9$

$24 :$ ___ $= 6$

$6 \cdot$ ___ $= 24$

$9 \cdot$ ___ $= 18$

③ a) Für jedes Kind 2 Stücke Schokolade.

$12 : 2 =$ ___

___ Kinder bekommen 2 Stücke Schokolade.

b) Für jedes Kind 3 Stücke Schokolade.

$12 : 3 =$ ___

___ Kinder bekommen 3 Stücke Schokolade.

c) Für jedes Kind 4 Stücke Schokolade.

$12 : 4 =$ ___

___ Kinder bekommen 4 Stücke Schokolade.

d) Für jedes Kind 6 Stücke Schokolade.

$12 : 6 =$ ___

___ Kinder bekommen 6 Stücke Schokolade.

SB▶8/9   AH▶5   A▶4

① Stelle aus Karopapier vier Quadrate her.
   Falte und zerschneide sie so wie in der Anleitung.

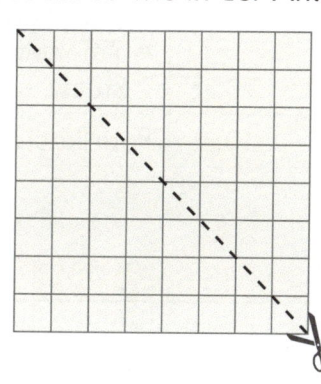 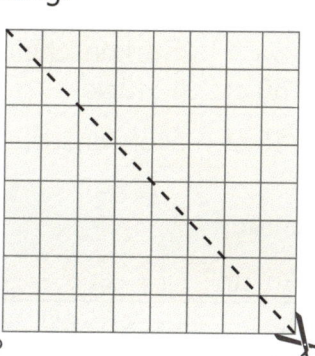 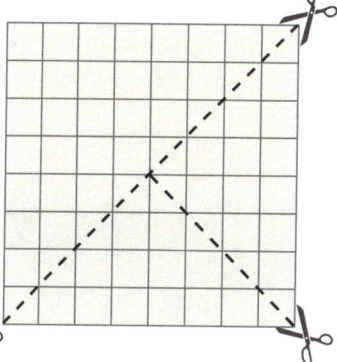

a) Lege die Figuren A bis C mit je zwei Teilstücken aus. Klebe deine Lösung auf.

b) Für D brauchst du drei Teilstücke.

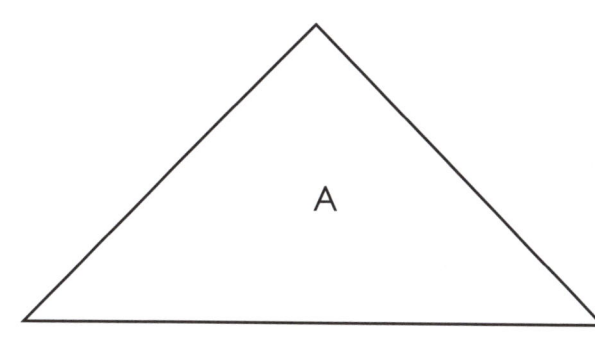

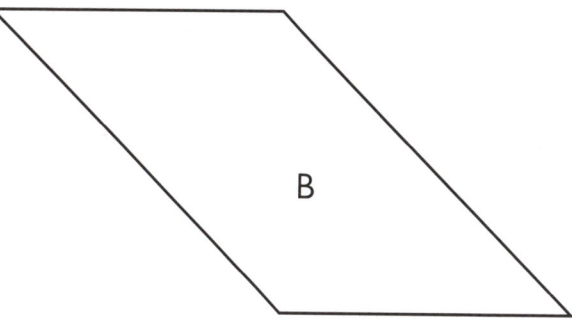

② Richtig oder falsch? Male an. 🟧 ja 🟦 nein

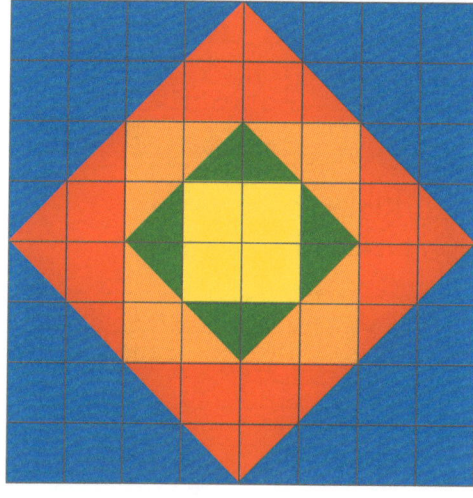

☐ Die Seiten des blauen Quadrats sind doppelt so lang wie die Seiten des gelben Quadrats.

☐ Das grüne Quadrat passt viermal in das rote Quadrat.

☐ Das blaue Quadrat ist doppelt so groß wie das grüne Quadrat.

☐ Das grüne Quadrat ist doppelt so groß wie das gelbe Quadrat.

☐ Das orange Quadrat passt viermal in das grüne Quadrat.

SB▶10/11 AH▶6 A▶5

Sachrechnen

In der großen Pause können sich die Kinder in der Cafeteria ein Frühstück kaufen.

Preistafel					
½ Brötchen mit Salami/Käse/Wurst	50 ct	Gurkenscheiben 4 Stück	20 ct	Apfel- oder Birnenstücke 2 Stück	15 ct
Tomaten	15 ct	Möhrenstifte	10 ct	Paprikastreifen	5 ct

① Fülle die Preistabellen aus.

halbe Brötchen	Anzahl	1	2	3	4	5	6	8
	Preis	50 ct	1 €					

Tomaten	Anzahl	1	2	3	4	5	6	8
	Preis	15 ct						

Gurkenscheiben 4 Stück	Portionen	1	2	3	4	5	6	8
	Preis							

Möhrenstifte	Portionen	1	2	3	4	5	6	8
	Preis							

Paprikastreifen	Portionen	1	2	3	4	5	6	8
	Preis							

② Berechne, wie viel die Kinder bezahlen.

Ali	Sina	Vedat	Boris

③ Was können die Kinder gekauft haben?

a) Lena bezahlt mit  und bekommt 15 ct zurück.

b) Max bezahlt mit  und bekommt 90 ct zurück.

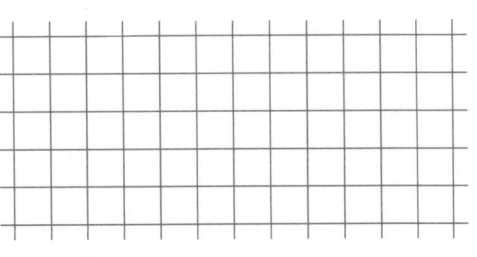

SB ▶ 12/13 AH ▶ 7 A ▶ 6

① Wie viele? Trage ein.

a)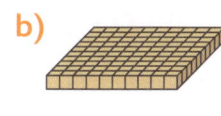

b)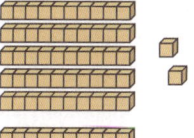

② Ordne zu und schreibe.

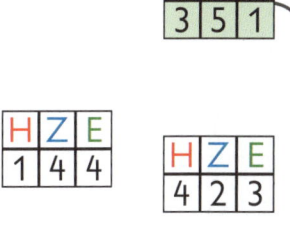

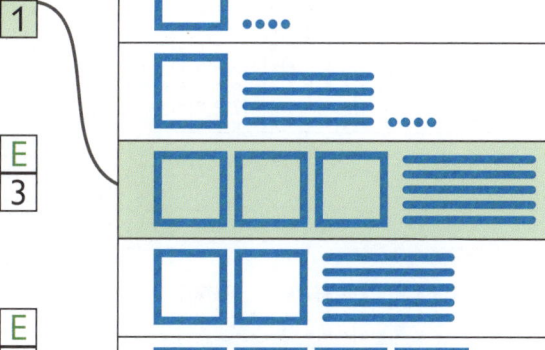

300 + 50 + 1

③ Zeichne die Zahlbilder.

H	Z	E
2	6	3

a)
H	Z	E
1	4	7

b)
H	Z	E
3	2	5

c)
H	Z	E
2	0	4

d)
H	Z	E
4	4	0

e)
H	Z	E
	3	1

Hunderter
Zehner
Einer

Das Tausenderfeld

① Wie viele? Notiere die Anzahlen in der Stellentafel.

a)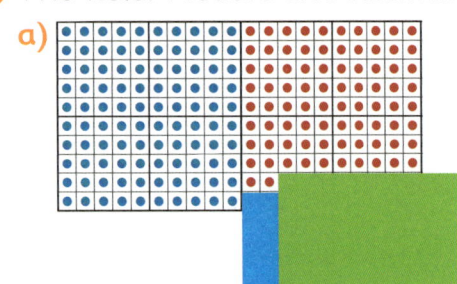

b)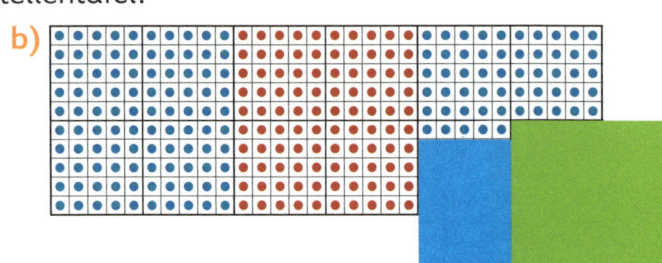

c)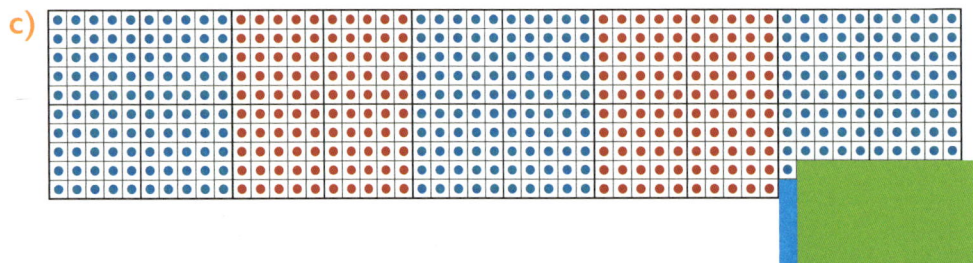

d)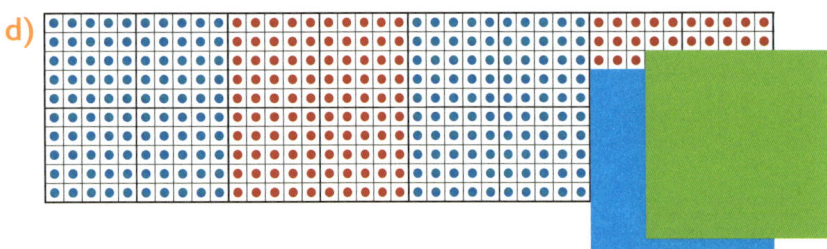

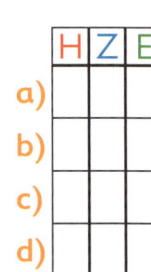

	H	Z	E
a)			
b)			
c)			
d)			

② Wie heißen die Zahlen? Verbinde und schreibe auf.

	H	Z	E	
a)	3	2	5	dreihundertfünfundzwanzig
b)	4	7	3	
c)	6	4	8	
d)	9	8	2	
e)	5	6	9	
f)	3	7	8	
g)	9	2	2	

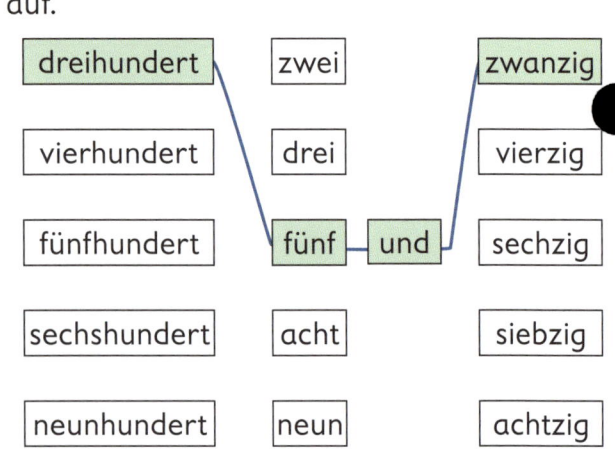

③ Ergänze zum nächsten Hunderter.

a) 280 + ___ = ____
550 + ___ = ____
720 + ___ = ____

b) 810 + ___ = ____
330 + ___ = ____
790 + ___ = ____

c) 670 + ___ = ____
440 + ___ = ____
560 + ___ = ____

d) 940 + ___ = ____
970 + ___ = ____
920 + ___ = ____

SB ▶ 16/17 AH ▶ 9 A ▶ 8

8

① Jan legt immer drei Zahlenkarten zu einer dreistelligen Zahl.
Schreibe alle Zahlen, die er legen kann, nach der Größe geordnet auf.
Beginne mit der kleinsten Zahl.

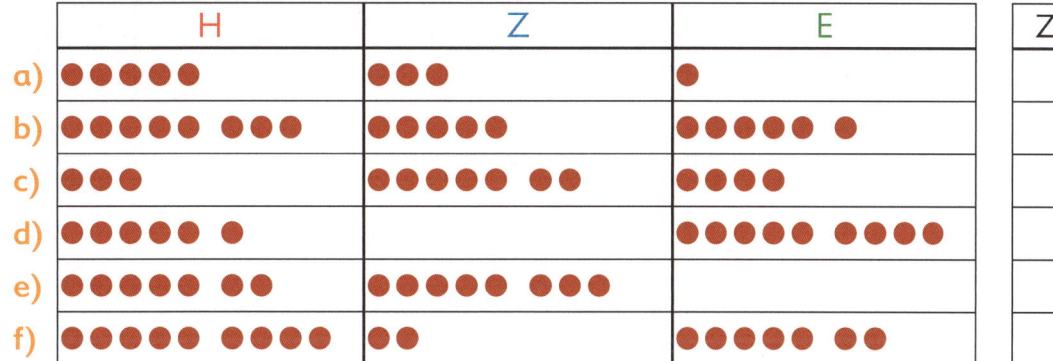

② Schreibe die Zahlen.

	H	Z	E	Zahl
a)	●●●●●	●●●	●	
b)	●●●●● ●●●	●●●●●	●●●●● ●	
c)	●●●	●●●●● ●●	●●●●	
d)	●●●●● ●		●●●●● ●●●●	
e)	●●●●● ●●●	●●●●● ●●●		
f)	●●●●● ●●●●	●●	●●●●● ●●	

③ Schreibe wie im Beispiel.

H	Z	E
4	1	7

$400 + 10 + 7 = 417$

	H	Z	E
a)	6	1	4
b)	5	2	3
c)	7	6	8
d)	4	0	7
e)	8	5	0
f)	9	3	6

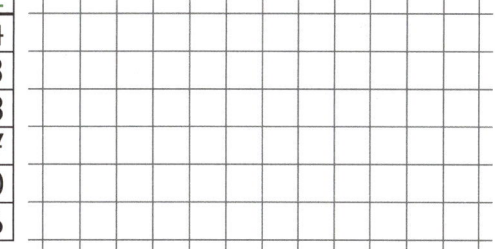

④ Welche Zahlen kann Nele darstellen?

Ihre Regeln:
— immer 2 Plättchen
— nie mehr als ein Plättchen in eine Spalte.

Schreibe auf: _____

① Male in der Tausendertafel die zugehörigen Felder in Rot an.

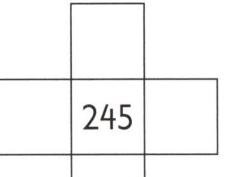

250	350	450	550	650

750	800	850	900	950

② Trage die fehlenden Zahlen ein. Male die Ausschnitte in der Tausendertafel in Blau an.

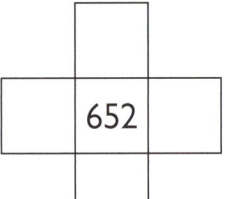

245

425

652

764

③ Fülle aus.

Vorgänger	Zahl	Nachfolger
	5 4 8	
	6 3 1	
	8 6 4	
	9 7 6	
	4 5 3	

④ Rechne mit der Tausendertafel.

2 3 4 + 1 0 =
3 3 4 + 1 0 =
5 3 4 + 1 0 =
7 3 4 + 1 0 =
4 3 4 + 1 0 =

4 2 9 − 1 0 =
7 3 8 − 1 0 =
8 4 7 − 1 0 =
5 5 6 − 1 0 =
9 6 5 − 1 0 =

1	2	3	4	5	6	7	8	9	10
11	12	13	14	15	16	17	18	19	20
21	22	23	24	25	26	27	28	29	30
31	32	33	34	35	36	37	38	39	40
41	42	43	44	45	46	47	48	49	50
51	52	53	54	55	56	57	58	59	60
61	62	63	64	65	66	67	68	69	70
71	72	73	74	75	76	77	78	79	80
81	82	83	84	85	86	87	88	89	90
91	92	93	94	95	96	97	98	99	100
101									110
151									160
191									200

501									
	512								
		523							
			534						
				545					
					556				
						567			
							578		
								589	
									600
651									
									700

			205	
			215	
			225	
			235	
			245	
			255	
			265	
			275	
			285	
291		295		300
		306		
		316		
		326		
		336		
		346		
		356		
		366		
		376		
		386		
		396		400

741	742	743	744	745	746	747	748	749	750
751	752	753	754	755	756	757	758	759	760

801									
									900
901									

401									410
									420
									430
									440
									450
									460
									470
									480
									490
									500

SB ▶ 20/21 AH ▶ 11 A ▶ 10

① Trage die fehlenden Zahlen ein.

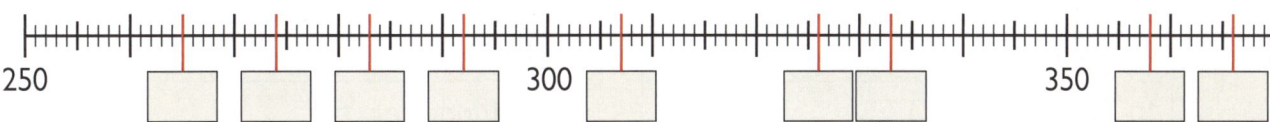

② In welchem Abschnitt liegen die Zahlen?
Färbe ein wie im Beispiel.

a)

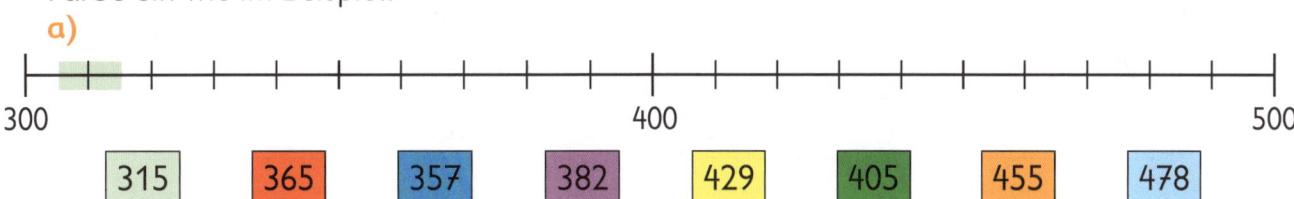

| 315 | 365 | 357 | 382 | 429 | 405 | 455 | 478 |

b)

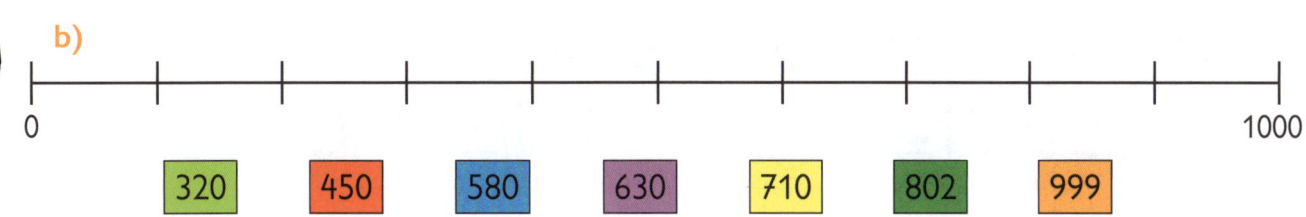

| 320 | 450 | 580 | 630 | 710 | 802 | 999 |

③ Fülle die Tabellen aus. Orientiere dich am Zahlenstrahl.

a) Nachbarzahlen

174	175	176
	225	
	250	
	384	
	495	
	499	

b) Nachbarzehner

170	175	180
	225	
	250	
	384	
	495	
	499	

c) Nachbarhunderter

100	175	200
	225	
	250	
	384	
	495	
	499	

④ Ergänze zum vollen Hunderter. Der Zahlenstrahl hift dir.

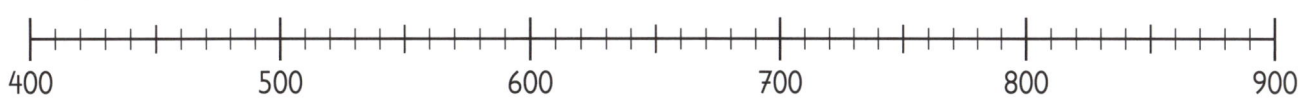

a) 490 + 10 = 500   b) 510 + ____ = ____   c) 890 + ____ = ____   d) 720 + ____ = ____
   480 + ____ = ____   520 + ____ = ____   880 + ____ = ____   740 + ____ = ____
   470 + ____ = ____   540 + ____ = ____   870 + ____ = ____   760 + ____ = ____
   460 + ____ = ____   570 + ____ = ____   860 + ____ = ____   780 + ____ = ____

SB ▶ 22/23   AH ▶ 12   A ▶ 11

Das kann ich schon!

① Trage ein.

a)

10 Einer	=	1
10 Zehner	=	1
10 Hunderter	=	1

b)

1 Zehner	=	Einer
1 Hunderter	=	Einer
10 Hunderter	=	Einer

c)

1 Zehner	=	Einer
10 Zehner	=	Einer
100 Zehner	=	Einer

d)

1 Hunderter	=	Zehner
1 Tausender	=	Hunderter
1 Tausender	=	Zehner

② Schreibe zu jedem Zahlbild die passende Plusaufgabe.

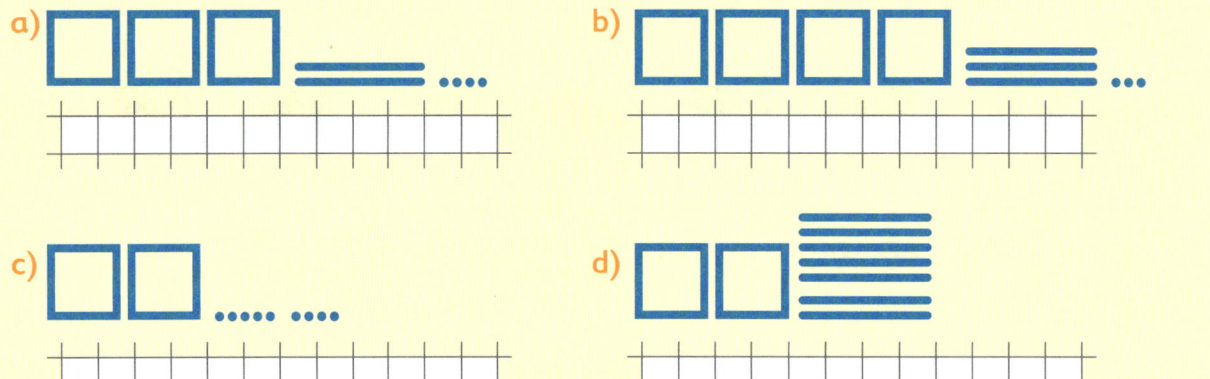

③ Wo liegen die Zahlen ungefähr? Verbinde.

| 511 | 527 | 556 | 672 | 714 | 778 |

550   700

| 501 | 602 | 647 | 689 | 742 | 781 | 799 |

④ Finde mindestens 10 dreistellige Zahlen, die sich mit 5 Plättchen in der Stellentafel darstellen lassen. Alle Zahlen sollen kleiner als 500 sein. Schreibe sie auf.

① Ordne die passenden Längen zu. Verbinde mit den Kärtchen.

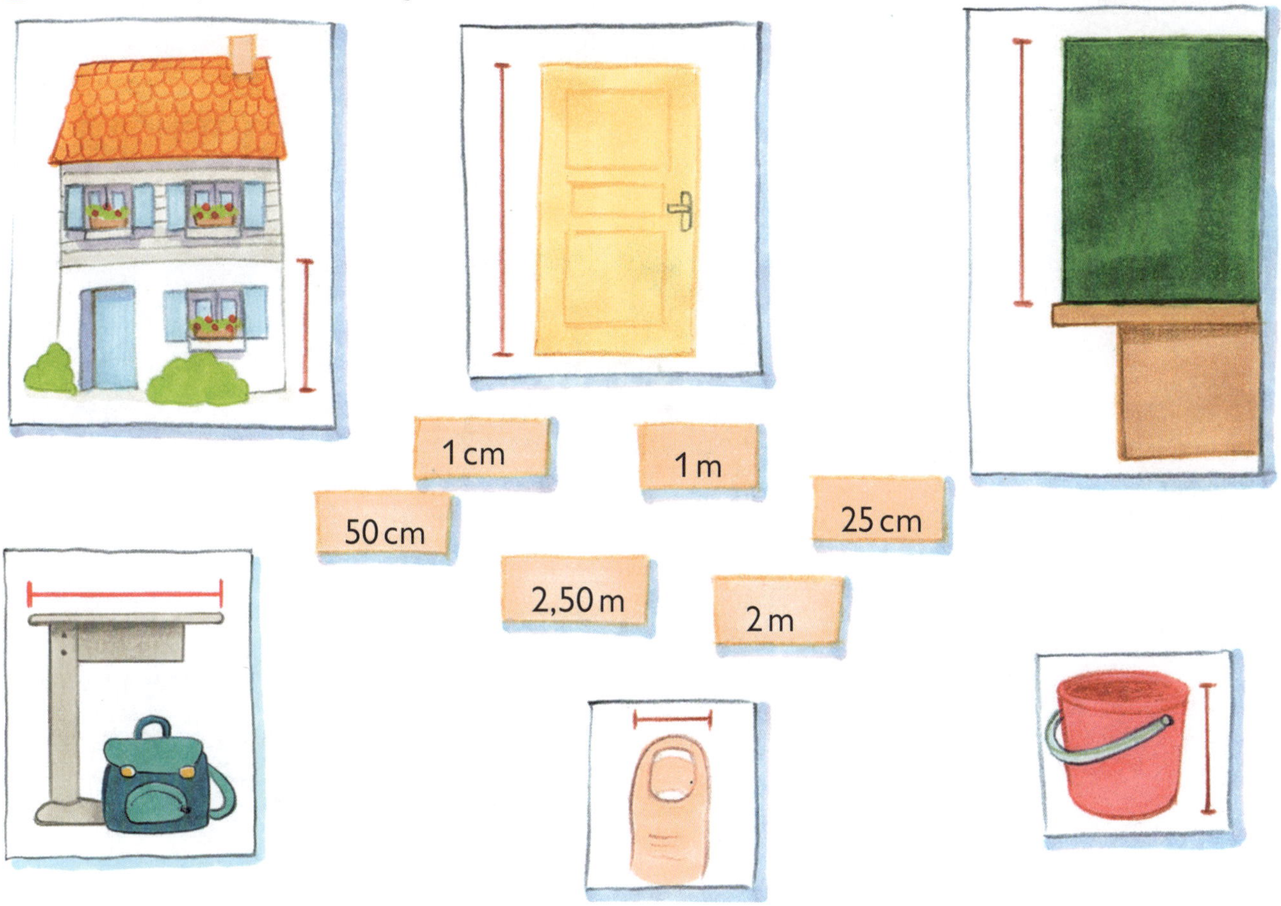

1 cm
1 m
50 cm
25 cm
2,50 m
2 m

② Gib die Länge der Strecken in cm und in mm an.

a
b
c
d
e

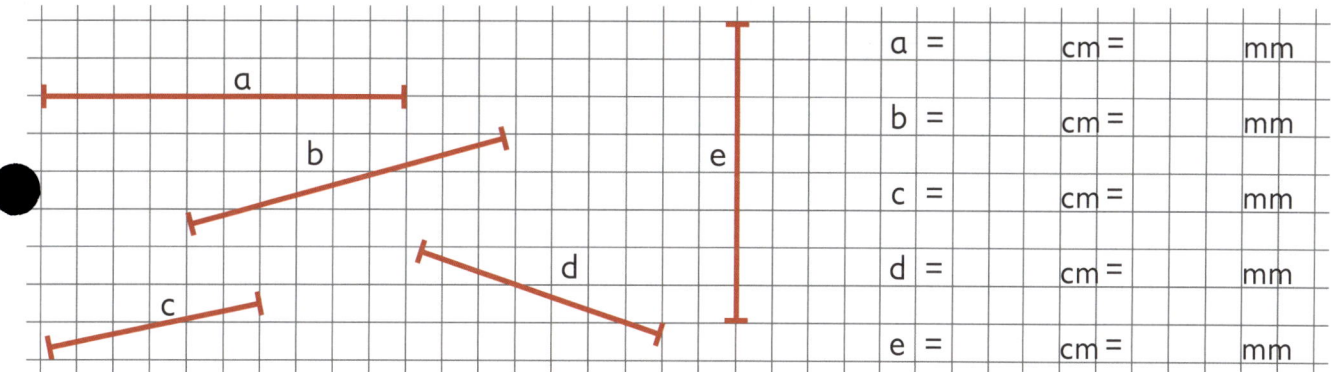

a = ___ cm = ___ mm
b = ___ cm = ___ mm
c = ___ cm = ___ mm
d = ___ cm = ___ mm
e = ___ cm = ___ mm

③ Zeichne die Strecken.

a) 6 cm
b) 75 mm
c) 3 cm 2 mm
d) 46 mm
e) 10 cm 8 mm

SB▸26/27 AH▸13 A▸13

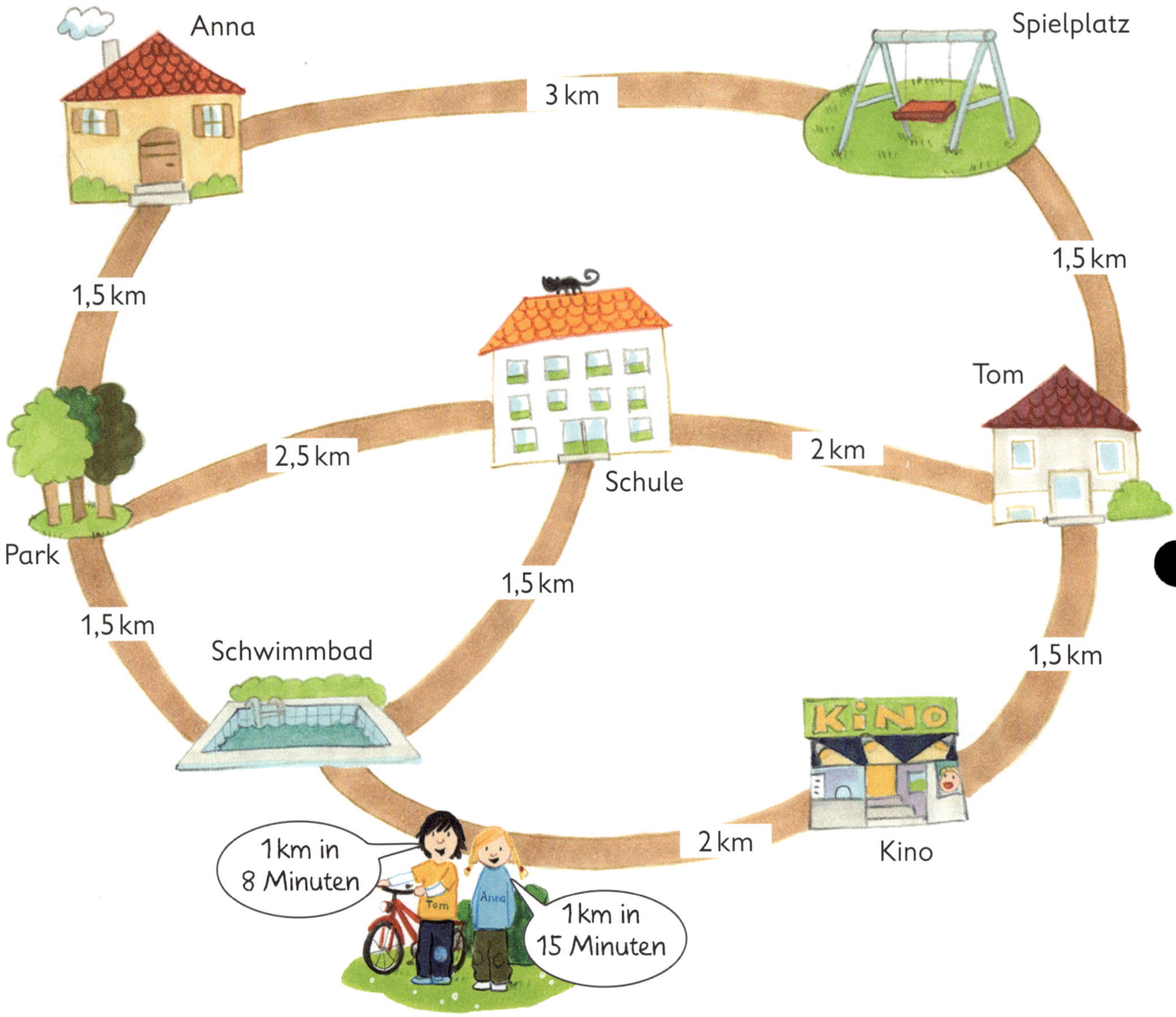

Längen – km, m

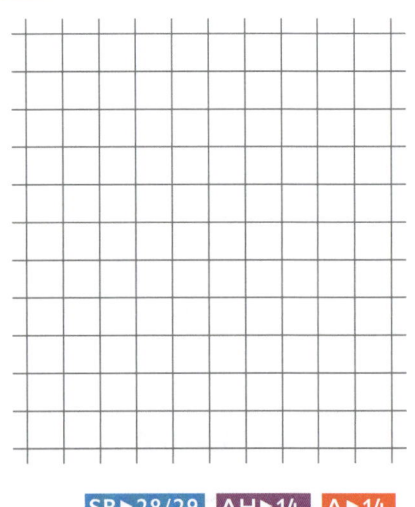

Anna 3 km Spielplatz

1,5 km

1,5 km

Park 2,5 km Schule 2 km Tom

1,5 km 1,5 km

Schwimmbad

1 km in 8 Minuten   1 km in 15 Minuten

2 km Kino

① a) Anna geht von zu Hause ins Schwimmbad. Wie weit ist der Weg? _____ Kilometer

b) Tom geht vom Schwimmbad zum Spielplatz. Wie weit ist der Weg? _____ Kilometer

c) Tom fährt mit dem Fahrrad von zu Hause zu Anna. Er wählt den kürzesten Weg.

Das sind _____ Kilometer.

② a) Anna geht zu Fuß zur Schule.
Wie viele Minuten braucht sie ungefähr? _____ Minuten

b) Tom fährt mit dem Fahrrad zum Schwimmbad.

Wie viele Minuten braucht er ungefähr? _____ Minuten

c) Anna und Tom treffen sich an der Schule und gehen
dann ins Schwimmbad. Wie weit geht jedes Kind?

Anna: _____ Kilometer   Tom: _____ Kilometer

Wie lange brauchen sie ungefähr
von der Schule bis zum Schwimmbad? _____ Minuten

SB▶28/29 AH▶14 A▶14

① Was wiegt ungefähr wie viel? Verbinde.

| 100 g | 500 g | 1 kg | 200 g |

② Wie schwer?

a)

 _____ _____

b)

 _____ _____

c)

_____ _____

③ Stelle das Gleichgewicht her. Schreibe als Plusaufgabe.

a)

2 5 0 g + 5 0 g = 3 0 0 g

Einen Gewichtsstein hinzufügen.

b)

c)

Rechnen mit Gewichten

① Ergänze.

$$15\,g + 35\ g = 50\,g$$

a) $20\,g + \underline{}\,g = 50\,g$

$\ 5\,g + \underline{}\,g = 50\,g$

$\ 28\,g + \underline{}\,g = 50\,g$

$$415\,g + 85\ g = 500\,g$$

b) $320\,g + \underline{}\,g = 500\,g$

$\ 295\,g + \underline{}\,g = 500\,g$

$\ 108\,g + \underline{}\,g = 500\,g$

$$840\,g + 160\ g = 1000\,g$$

c) $750\,g + \underline{}\,g = 1000\,g$

$\ 660\,g + \underline{}\,g = 1000\,g$

$\ 570\,g + \underline{}\,g = 1000\,g$

$$520\,g + 480\ g = 1000\,g$$

d) $\underline{}\,g + \underline{}\,g = 1000\,g$

$\ \underline{}\,g + \underline{}\,g = 1000\,g$

$\ \underline{}\,g + \underline{}\,g = 1000\,g$

② Ergänze.

$$370\,g + 130\ g = \tfrac{1}{2}\,kg$$

a) $365\,g + \underline{}\,g = \tfrac{1}{2}\,kg$

$\ 375\,g + \underline{}\,g = \tfrac{1}{2}\,kg$

$\ 390\,g + \underline{}\,g = \tfrac{1}{2}\,kg$

$$660\,g + 340\ g = 1\,kg$$

b) $26\ g + \underline{}\,g = 1\,kg$

$\ 48\ g + \underline{}\,g = 1\,kg$

$\ 34\ g + \underline{}\,g = 1\,kg$

③ Was könnten die Kinder eingekauft haben?

a) Jans Einkauf wiegt 1 kg und 500 g.

_____

b) Marias Einkauf wiegt 3 kg.

_____

c) Toms Einkauf wiegt 4 kg und 250 g.

_____

d) Naomis Einkauf wiegt 5 kg und 450 g.

_____

SB ▶ 32/33 AH ▶ 16 A ▶ 16

① Schreibe auf verschiedene Arten.

	km	100 m	10 m	1 m	km	m	Kommazahl
1 268 m					km	m	km
543 m					km	m	km
m			7	4	km	m	km
m					2 km	800 m	km
m					km	m	0,009 km

② Zeichne Strecken. Gib die Längen als Kommazahl an.

a) 35 mm _____

b) 92 mm _____

c) 6 cm 5 mm _____

d) 68 mm _____

e) 10 cm 4 mm _____

f) 107 mm _____

③ Welche Gewichtssteine stehen auf den Waagen?

A

B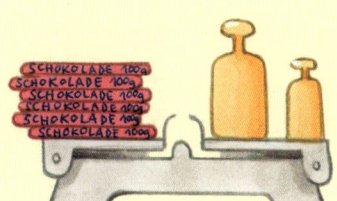

_____   _____

④ Ergänze.

a) 63 g + ____ g = 100 g   b) 260 g + ____ g = 1 kg

27 g + ____ g = 100 g   420 g + ____ g = 1 kg

9 g + ____ g = 100 g   80 g + ____ g = 1 kg

45 g + ____ g = 100 g   40 g + ____ g = 1 kg

⑤ Wie viel Kilogramm?

a) 600 g = _____ kg   b) 1 kg 250 g = _____ kg

60 g = _____ kg   2 kg 126 g = _____ kg

6 g = _____ kg   0 kg 4 g = _____ kg

⑥ Wie viel Gramm?

0,250 kg = _____ g

0,025 kg = _____ g

0,009 kg = _____ g

Addition mit großen Zahlen

① Genau hinschauen. Veränderungen beim Rechnen nutzen.

a) 20 + 30 = _____
220 + 30 = _____
224 + 30 = _____
224 + 36 = _____

b) 530 + 50 = _____
536 + 50 = _____
536 + 55 = _____
536 + 59 = _____

c) 630 + 60 = _____
635 + 60 = _____
637 + 60 = _____
639 + 60 = _____

d) 910 + 40 = _____
910 + 60 = _____
910 + 80 = _____
911 + 89 = _____

② Berechne die Lösungen. Schreibe die Aufgaben für die Kinder zu Ende.

327 + 199 =
327 + 200 =

468 + 27 =
460 + 27 =

653 + 258 =
650 + 250 =

465 + 298 =

257 + 34 =

326 + 488 =

291   495   526   763   814   911   914

③ Rechne wie im Beispiel.

237 + 445 = 682
237 + 400 = 637
637 + 40 = 677
677 +   5 = 682

453 + 328 =

678 + 216 =

576 + 352 =

782 + 173 =

684 + 219 =

781   894   903   913   928   955

④ Genau hinschauen lohnt sich.

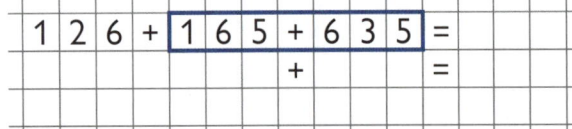

217 + 283 + 126 =
500   + 126 =

428 + 126 + 272 =
       +   =

126 + 165 + 635 =
       +   =

343 + 126 + 257 =
       +   =

① a) 2 8 4 + 1 4 8 =
Ü: 2 8 0 + 1 5 0 > 4 0 0

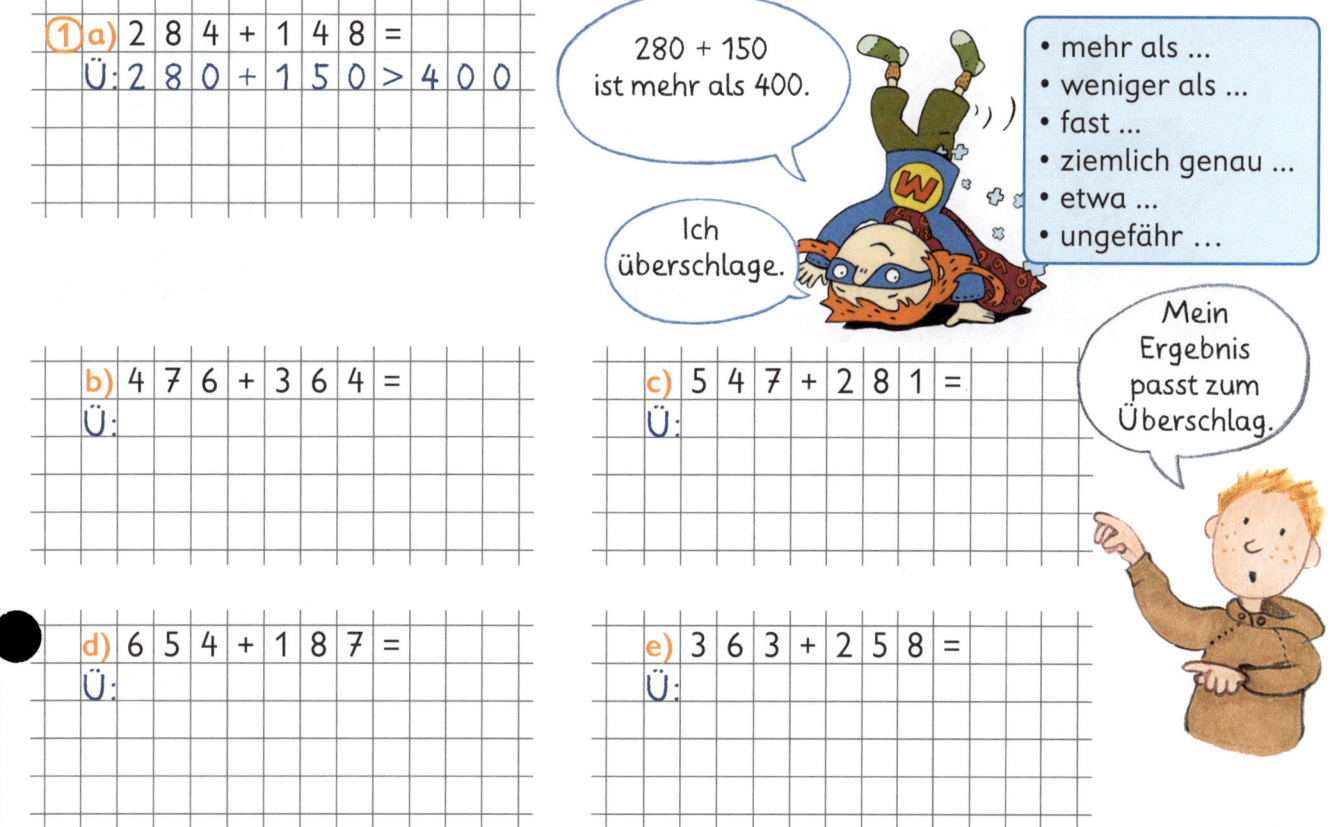

280 + 150 ist mehr als 400.

Ich überschlage.

- mehr als ...
- weniger als ...
- fast ...
- ziemlich genau ...
- etwa ...
- ungefähr ...

Mein Ergebnis passt zum Überschlag.

b) 4 7 6 + 3 6 4 =
Ü:

c) 5 4 7 + 2 8 1 =
Ü:

d) 6 5 4 + 1 8 7 =
Ü:

e) 3 6 3 + 2 5 8 =
Ü:

② Bei welchen Aufgaben kannst du sofort sehen, dass das Ergebnis falsch ist?
Notiere einen passenden Überschlag als Beweis und rechne dann richtig.

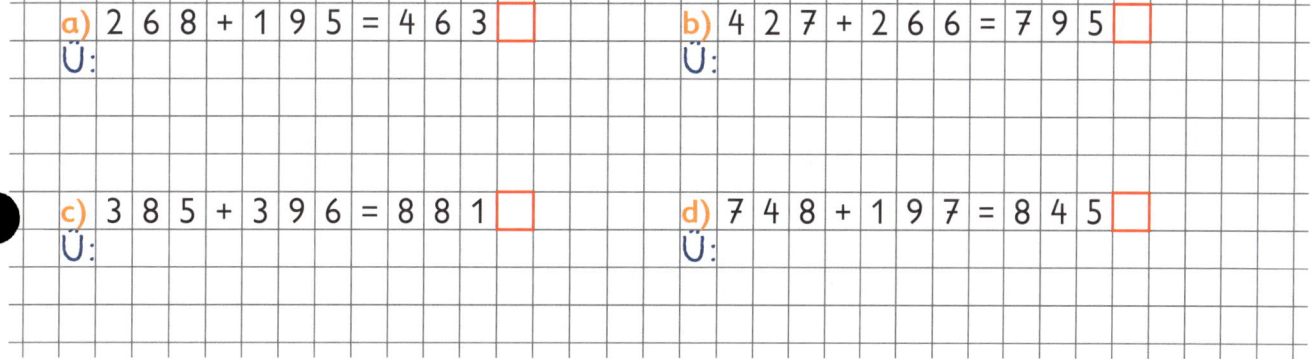

a) 2 6 8 + 1 9 5 = 4 6 3 ☐
Ü:

b) 4 2 7 + 2 6 6 = 7 9 5 ☐
Ü:

c) 3 8 5 + 3 9 6 = 8 8 1 ☐
Ü:

d) 7 4 8 + 1 9 7 = 8 4 5 ☐
Ü:

③ Hier siehst du den Einkauf von Familie Fritz.
Berechne mit einem Überschlag, wie viel Geld die Familie ungefähr bezahlt hat.

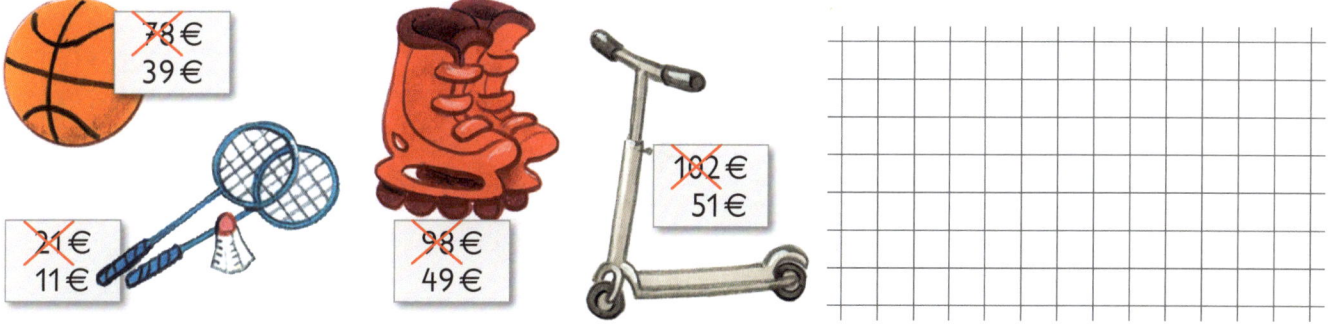

~~78 €~~
39 €

~~21 €~~
11 €

~~98 €~~
49 €

~~102 €~~
51 €

SB▶38/39 AH▶19 A▶19

Schriftlich addieren

Zuerst die Einer...
HZE
235
+348
(Übertrag 1)
3

... dann die Zehner ...
HZE
235
+348
83

... dann die Hunderter
HZE
235
+348
583

✂ **Schriftlich addieren:**
Bei den Einern beginnen.
Wechseln.
Übertrag notieren.

$8 + 5 = 13$
$5 + 3 = 8$
$3 + 2 = 5$

Rechne wie Mio.

① a)

H	Z	E
6	1	3
+2	4	7

b)

H	Z	E
4	6	7
+3	2	5

c)

H	Z	E
3	2	9
+5	3	6

d)

H	Z	E
7	4	6
+1	2	8

e)

H	Z	E
5	3	8
+4	2	9

792   845   860   865   874   967

② a)

H	Z	E
1	8	7
+6	4	2

b)

H	Z	E
7	3	4
+1	9	3

c)

H	Z	E
6	9	3
+2	3	6

d)

H	Z	E
5	7	0
+3	7	7

e)

H	Z	E
3	4	6
+5	8	2

829   927   928   929   939   947

③ a)

H	Z	E
4	8	7
+3	2	9

b)

H	Z	E
5	3	6
+2	8	9

c)

H	Z	E
7	5	9
+1	7	8

d)

H	Z	E
3	6	8
+4	7	5

e)

H	Z	E
5	9	7
+3	0	6

816   825   843   846   903   937

④ a)

H	Z	E
5	1	7
+1	0	5

b)

H	Z	E
6	7	2
+2	4	4

c)

H	Z	E
7	7	7
+1	4	4

d)

H	Z	E
1	9	9
+1	9	9

e)

H	Z	E
2	8	4
+3	5	2

398   622   636   821   916   921

SB▶40/41   AH▶20   A▶20

① Schau genau hin. Viele Aufgaben lassen sich leicht im Kopf lösen.

a) 580 + 16 = _____
580 + 116 = _____
580 + 216 = _____

b) 370 + 25 = _____
370 + 125 = _____
370 + 325 = _____

c) 480 + 45 = _____
480 + 245 = _____
480 + 445 = _____

Im Kopf oder schriftlich?

② a) 830 + 75 = _____
550 + 125 = _____
750 + 175 = _____

b) 605 + 236 = _____
665 + 236 = _____
725 + 236 = _____

c) 737 + 174 = _____
627 + 284 = _____
517 + 394 = _____

830 + 75

③ Mit dem schriftlichen Verfahren ist Addieren ganz einfach.

a)
```
  3 7 9
+ 4 5 3
-------
```

b)
```
  2 3 5
+ 4 8 6
-------
```

c)
```
  5 4 9
+ 3 7 2
-------
```

d)
```
  6 9 6
+ 2 3 7
-------
```

e)
```
  4 7 7
+ 3 8 6
-------
```

f)
```
  5 4 3
+ 3 5 7
-------
```

721   832   863   900   910   921   933

④ Drei Zahlen addieren ist auch kein Problem.

a)
```
  1 2 4
+ 2 3 0
+ 4 5 3
-------
```

b)
```
  4 3 2
+ 2 3 5
+ 1 2 6
-------
```

c)
```
  3 5 2
+ 1 6 4
+ 4 4 3
-------
```

d)
```
  1 6 3
+ 2 4 6
+ 2 8 7
-------
```

e)
```
  2 4 7
+ 1 8 9
+ 5 7 3
-------
```

f)
```
  3 7 5
+ 2 8 6
+ 1 9 7
-------
```

669   696   858   793   807   959   1009

⑤

a) Addiere 325 und 125.

b) Wie groß ist die Summe aus 275 und 321?

c) Verdopple 325.

d) Verdopple die Summe aus 125 und 175.

Symmetrische Figuren

① Falte und schneide.

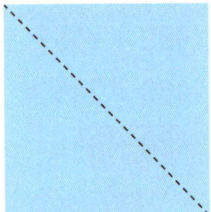 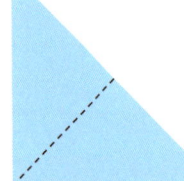

Schneide von dem entstandenen Dreieck mit einem geraden Schnitt
eine Ecke ab und falte das Papier wieder auf.
Welches Bild ist möglich? Gibt es eine Lösung oder verschiedene Möglichkeiten?

Lege deine Falt-
arbeit so hin wie
in der Abbildung.

A

B

C

D

② Welche der Figuren sind symmetrisch?
Zeichne in symmetrische Figuren die Symmetrieachsen rot ein.

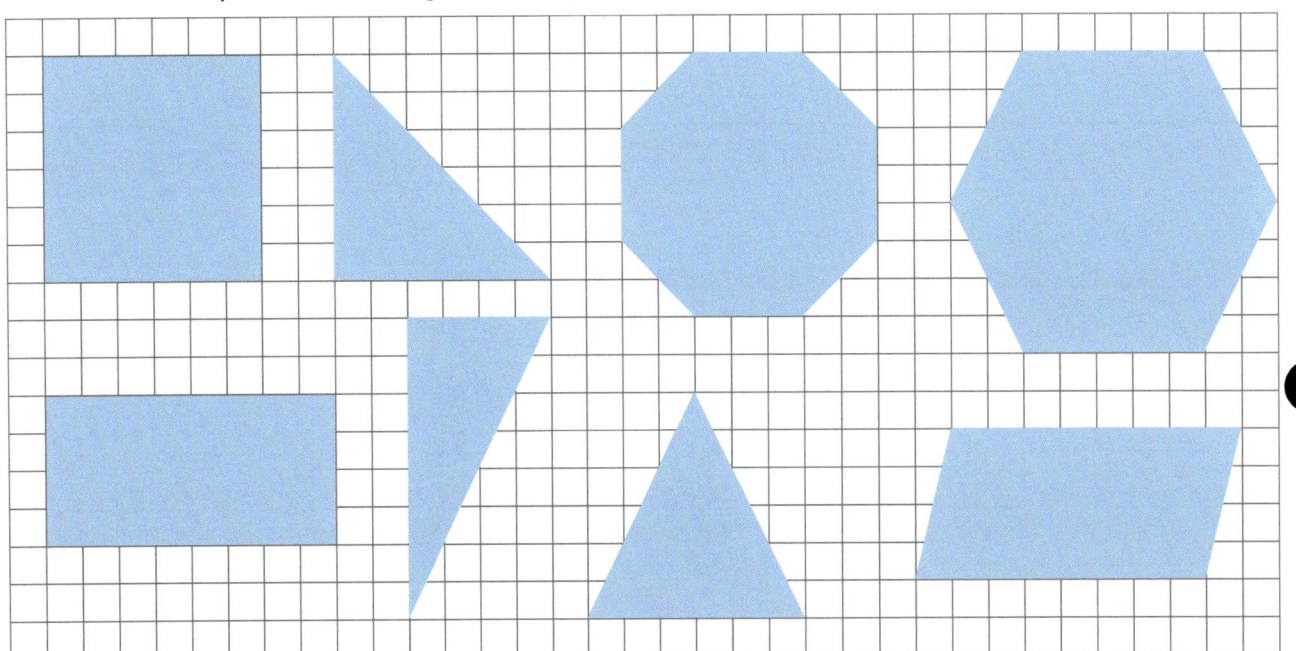

③ Kreise ein, wo die Symmetrie gestört ist.

a)
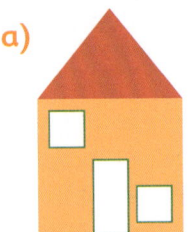

b)

c)

d)
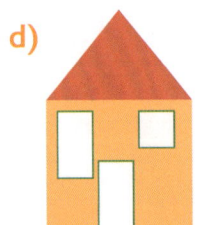

e)

SB▶44/45 AH▶22 A▶22

22

① Spiegele an der eingezeichneten Symmetrieachse.

a)
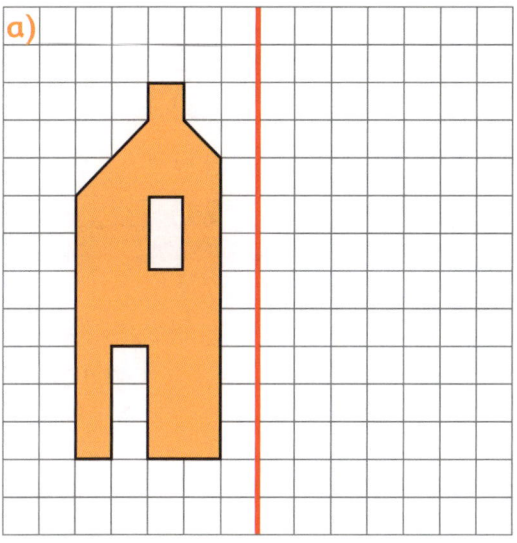

b)
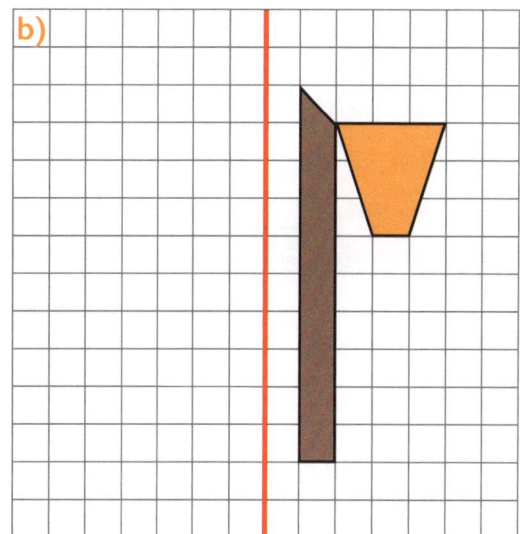

c)
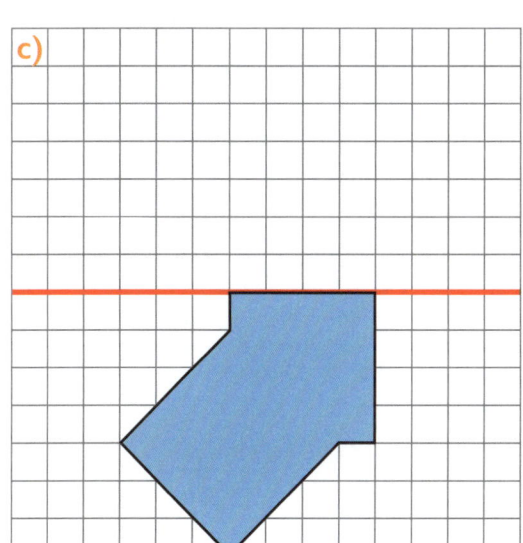

d)
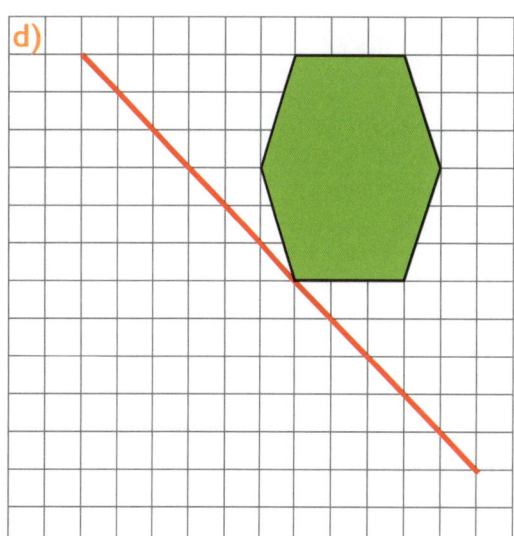

② Wie musst du verändern, damit die Spiegelung korrekt ist?
Arbeite mit dem Geobrett. Zeichne deine Lösung in der passenden Farbe ein.

a)
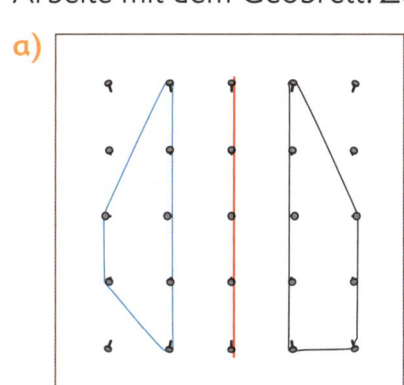

b)
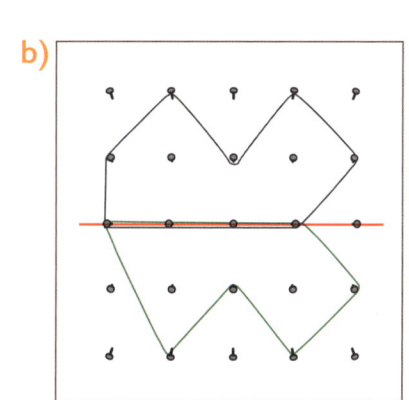

c)
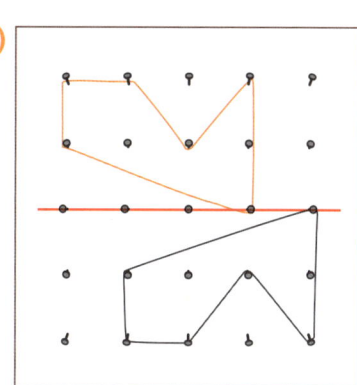

SB ▶ 46/47   AH ▶ 23   A ▶ 23

Das kann ich schon!

① Addition mit großen Zahlen

a) 420 + 50 = _____
420 + 57 = _____
423 + 57 = _____
548 + 57 = _____

b) 632 + 54 = _____
733 + 67 = _____
823 + 78 = _____
815 + 87 = _____

c) 336 + 456 = _____
428 + 245 = _____
764 + 163 = _____
579 + 324 = _____

d) 508 + _____ = 1000
653 + _____ = 1000
417 + _____ = 1000
294 + _____ = 1000

② Überschlag

a) Ordne den Aufgaben einen passenden Überschlag zu. Verbinde.

| 187 + 345 | 538 + 155 | 326 + 480 | 257 + 362 |

| fast 700 | mehr als 500 | weniger als 650 | ungefähr 800 |

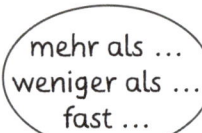

mehr als …
weniger als …
fast …

b) Errechne im Kopf zu jeder Aufgabe einen Überschlag und schreibe ihn auf.

| 433 + 544 | 785 + 163 | 269 + 456 | 387 + 374 |
| Ü: _____ | Ü: _____ | Ü: _____ | Ü: _____ |

③ Schriftlich addieren
Rechne und trage ein.

```
  4 2 9      5 8 4      2 0 8      3 6 4               6 0 7         5 2
+ 2 5 4    + 3 1 7    + 6 9 6    +          + 4 3 5    +   4      + 6 7
_____    _____    _____    _____    _____    _____    _____
                                   7 9 8      8 6 7      9 7        8 0
```

④ Achsensymmetrie
a) Zeichne alle Symmetrieachsen ein.

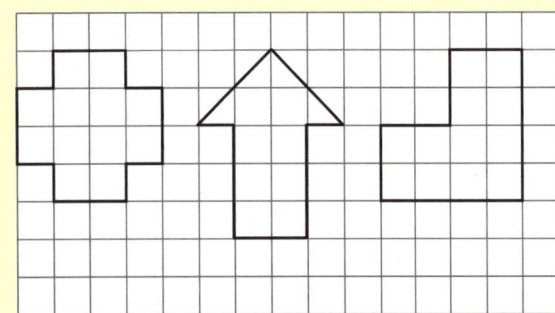

b) Ergänze symmetrisch.

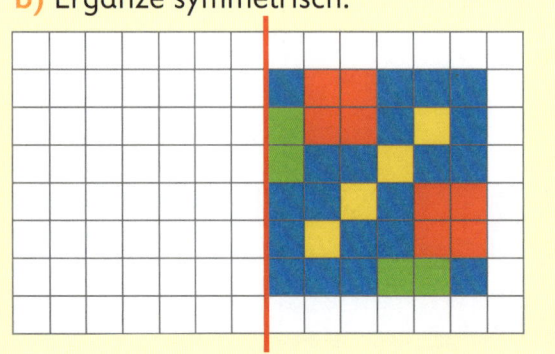

① Zeichne, schreibe und rechne auch die passende dritte Aufgabe.

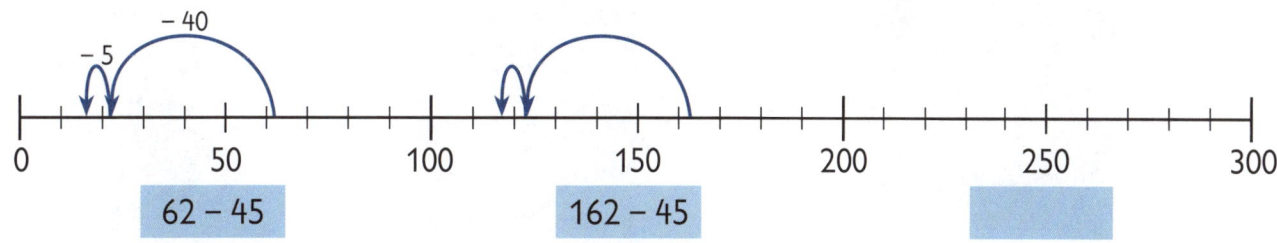

| 62 − 45 | | 162 − 45 | | |

② Rechne wie in Aufgabe 1. Ergänze ein eigenes Beispiel.

a) 62 − 34 = _____
362 − 34 = _____
562 − 34 = _____
762 − 34 = _____

b) 73 − 58 = _____
273 − 58 = _____
673 − 58 = _____
873 − 58 = _____

c) 51 − 27 = _____
251 − 27 = _____
451 − 27 = _____
851 − 27 = _____

d) ____ − ____ = ____
____ − ____ = ____
____ − ____ = ____
____ − ____ = ____

③ Rechne in Schritten wie im Beispiel.

581 − 36 = 545
581 − 30 = 551
551 − 6 = 545

a) 493 − 75 =

b) 392 − 84 =

c) 874 − 67 =

d) 481 − 47 =

e) 785 − 59 =

f) 793 − 84 =

g) 573 − 56 =

h) 984 − 79 =

④ Rechne im Kopf wie Super M.

a) 514 − 99 = _____
635 − 99 = _____
582 − 99 = _____
476 − 99 = _____

b) 703 − 98 = _____
824 − 97 = _____
932 − 96 = _____
864 − 95 = _____

c) 431 − 95 = _____
622 − 96 = _____
813 − 97 = _____
712 − 98 = _____

> Erst minus 100, dann ...

⑤ Rechne zuerst wie in Aufgabe 3 und dann die weiteren Aufgaben im Kopf.

672 − 47 =

672 − 147 =
672 − 347 =
672 − 547 =
672 − 647 =

572 − 247 =
872 − 647 =
772 − 447 =
972 − 747 =

SB ▶ 50/51 AH ▶ 24/25 A ▶ 25

Schriftlich subtrahieren – ergänzen

Schriftlich subtrahieren
Bei Überschreitung
in zwei Stellen verändern
und in zwei Spalten notieren.

Rechne wie Jan.

① a)

H	Z	E
7	6	4
– 4	3	8

b)

H	Z	E
9	7	3
– 5	4	7

c)

H	Z	E
7	8	1
– 3	4	6

d)

H	Z	E
8	5	6
– 3	1	8

e)

H	Z	E
9	8	2
– 7	2	7

255   326   356   426   435   538

② a)

H	Z	E
5	3	6
– 3	8	4

b)

H	Z	E
7	5	8
– 4	7	6

c)

H	Z	E
8	1	7
– 5	4	5

d)

H	Z	E
8	2	9
– 6	8	4

e)

H	Z	E
9	2	8
– 7	5	3

145   152   175   272   275   282

③ a)

H	Z	E
8	2	6
– 4	5	8

b)

H	Z	E
8	6	7
– 3	7	8

c)

H	Z	E
6	2	1
– 4	2	5

d)

H	Z	E
9	0	5
– 6	0	7

e)

H	Z	E
8	0	3
– 5	6	6

196   237   238   298   368   489

④ a)

H	Z	E
7	0	6
– 6	0	7

b)

H	Z	E
8	7	6
–	8	7

c)

H	Z	E
6	5	5
– 3	7	7

d)

H	Z	E
9	4	6
– 3	0	8

e)

H	Z	E
5	5	3
– 3	5	5

99   198   278   389   638   789

SB▶52/53 AH▶26 A▶26

Schriftlich subtrahieren – abziehen

Zuerst die Einer...

... dann die Zehner ...

... dann die Hunderter

Kevin

Schriftlich subtrahieren
Bei Überschreitung die Veränderungen immer in zwei Spalten notieren.

$11 - 6 = 5$
$4 - 2 = 2$
$6 - 3 = 3$

Rechne wie Kevin.

1 a)

H	Z	E
6	5	3
− 2	1	7

b)

H	Z	E
5	9	2
− 3	4	6

c)

H	Z	E
7	8	1
− 4	5	4

d)

H	Z	E
8	7	4
− 5	3	8

e)

H	Z	E
9	6	5
− 6	2	9

246   255   327   336   336   436

2 a)

H	Z	E
7	4	8
− 2	9	7

b)

H	Z	E
5	3	9
− 1	8	7

c)

H	Z	E
9	5	7
− 4	7	5

d)

H	Z	E
6	1	5
− 3	4	2

e)

H	Z	E
8	2	6
− 6	8	3

143   145   273   352   451   482

3 a)

H	Z	E
4	1	2
− 1	2	6

b)

H	Z	E
6	3	4
− 2	7	8

c)

H	Z	E
7	2	3
− 3	6	5

d)

H	Z	E
6	0	3
− 4	5	7

e)

H	Z	E
8	5	6
− 5	4	9

146   226   286   307   356   358

SB ▶ 54/55   AH ▶ 27   A ▶ 27

Schriftlich subtrahieren üben

① Überschlage zuerst im Kopf, wie groß dein Ergebnis ungefähr sein wird.
Subtrahiere stellenweise, beginne mit den Einern.

| mehr als … | weniger als … | ungefähr … | fast … |

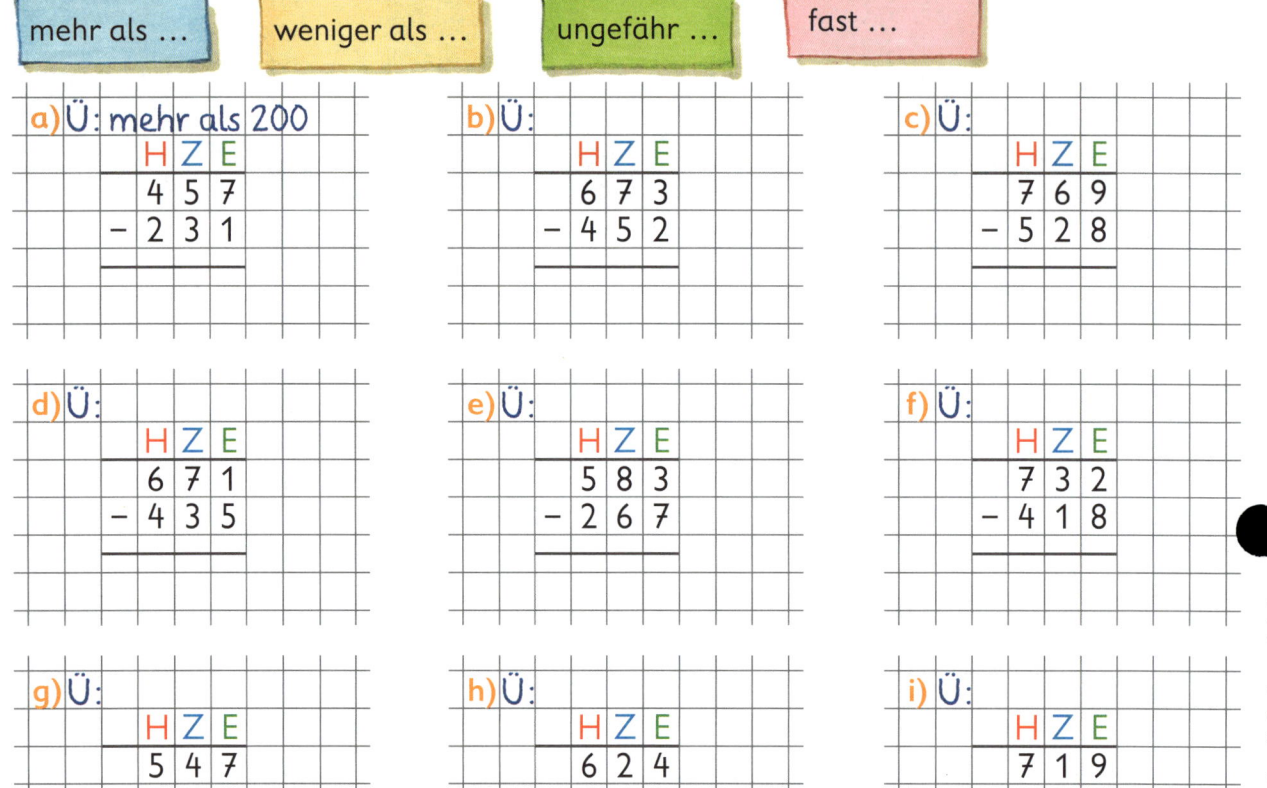

a) Ü: mehr als 200

	H	Z	E
	4	5	7
−	2	3	1

b) Ü:

	H	Z	E
	6	7	3
−	4	5	2

c) Ü:

	H	Z	E
	7	6	9
−	5	2	8

d) Ü:

	H	Z	E
	6	7	1
−	4	3	5

e) Ü:

	H	Z	E
	5	8	3
−	2	6	7

f) Ü:

	H	Z	E
	7	3	2
−	4	1	8

g) Ü:

	H	Z	E
	5	4	7
−	2	7	4

h) Ü:

	H	Z	E
	6	2	4
−	3	5	2

i) Ü:

	H	Z	E
	7	1	9
−	5	2	7

② a) Berechne schriftlich.

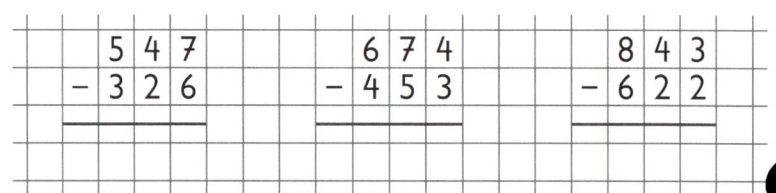

	5	4	7			6	7	4			8	4	3
−	3	2	6		−	4	5	3		−	6	2	2

b) Was fällt dir auf? Schreibe auf.

c) Finde eigene Aufgaben
mit derselben Besonderheit.

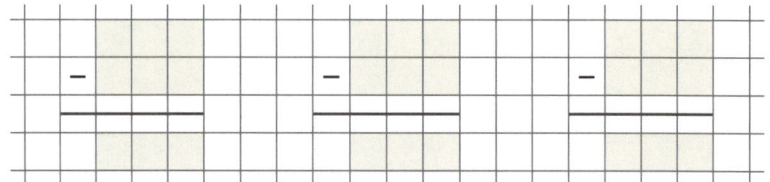

③ Finde viele Aufgaben.

	6	2	7
−	2	9	5

3 3 2   3 3 2   3 3 2   3 3 2

SB ▶ 56/57   AH ▶ 28   A ▶ 28

Schriftlich subtrahieren und die Null

① Schau, wo genau die Null steht.

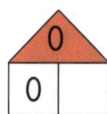

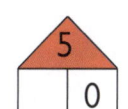

Rechnen mit der
Null – null Problem
$0 + 0 = 0$
$0 - 0 = 0$

a)
```
  4 3 5
- 1 4 0
```

b)
```
  5 8 2
- 3 0 4
```

c)
```
  8 7 0
- 5 9 0
```

d)
```
  6 0 3
- 4 6 5
```

e)
```
  7 0 3
- 2 0 8
```

f)
```
  5 0 9
- 3 6 4
```

② Schau genau hin. Rechne zur Probe die Umkehraufgabe.

```
  5 0 6
- 1 5 5
-------
  3 5 1
```

```
  3 5 1
+ 1 5 5
-------
  5 0 6
```

a)
```
  8 7 2
- 5 0 8
```
```
+
```

b)
```
  7 6 0
- 2 8 0
```
```
+
```

c)
```
  8 0 1
- 3 0 7
```
```
+
```

d)
```
  6 1 2
- 2 4 0
```
```
+
```

③ Wie rechnest du?   im Kopf 🖍   schriftlich 🖍
Markiere in der passenden Farbe.

Ich schau mir
die Aufgaben genau an
und rechne mal so,
mal so.

a)
```
  8 7 9
- 4 0 0
```

b)
```
  7 3 6
- 4 3 7
```

c)
```
  9 4 1
- 3 8 6
```

d)
```
  7 2 6
- 3 5 8
```

e)
```
  6 5 1
- 5 8 9
```

f)
```
  6 0 6
- 3 9 7
```

④ Berechne die fehlenden Zahlen.

a)
```
  9 4 3
-
-------
  4 6 9
```

b)
```
-   2 3 8
---------
    4 6 3
```

c)
```
  7 8 0
-     8
-------
  5 7
```

d)
```
  6 2 7
- 2   9
-------
  3 4
```

e)
```
  7 6
-   2 5
-------
  4   7
```

Rechnen mit Kommazahlen

Weizenbrötchen	Croissant	Roggenbrötchen	Mehrkornbrötchen	Mohnbrötchen

25 ct	75 ct	43 ct	52 ct	36 ct

① Wie viel müssen die Kinder bezahlen?

Bitte
4 Weizenbrötchen
und 2 Croissants.

Bitte ein
Croissant und
3 Mehrkorn-
brötchen.

Bitte
2 Weizenbrötchen
und 4 Roggen-
brötchen.

Bitte ein
Mehrkornbrötchen
und 3 Croissants.

Maria bezahlt
_____ €.

Jan bezahlt
_____ €.

Marlene bezahlt
_____ €.

Ali bezahlt
_____ €.

② Wandle um.

a) in cm

12,4 m = _____ cm

12,04 m = _____ cm

0,24 m = _____ cm

0,362 m = _____ cm

b) in m

6 m 45 cm = _____ m

12 m 74 cm = _____ m

87 cm = _____ m

53 m 6 cm = _____ m

c) in m

285 cm = _____ m

406 cm = _____ m

38 cm = _____ m

1 000 cm = _____ m

③ Wandle um und rechne schriftlich.

a) 27,14 m + 266 cm   **b)** 640 cm + 0,56 m   **c)** 72,80 m − 720 cm   **d)** 0,82 m − 45 cm

SB▶60/61 AH▶30 A▶30

Das kann ich schon!

① Rechne im Kopf.

a) 90 – 30 = _____   b) 870 – 40 = _____   c) 760 – 75 = _____   d) 668 – 325 = _____

580 – 30 = _____   870 – 47 = _____   940 – 67 = _____   457 – 246 = _____

586 – 30 = _____   873 – 47 = _____   670 – 82 = _____   764 – 308 = _____

586 – 37 = _____   876 – 48 = _____   520 – 56 = _____   812 – 417 = _____

② Schreibe deine Rechenschritte auf.

a) 746 – 364   b) 963 – 534   c) 632 – 285   d) 854 – 647   e) 907 – 798

③ Schreibe stellengerecht untereinander und subtrahiere schriftlich.

a) 679 – 258   b) 827 – 73   c) 603 – 68   d) 925 – 547   e) 804 – 717

④ Berechne die fehlenden Zahlen.

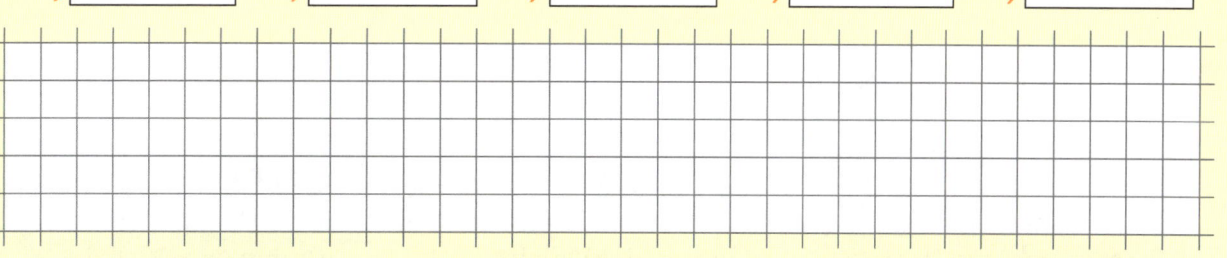
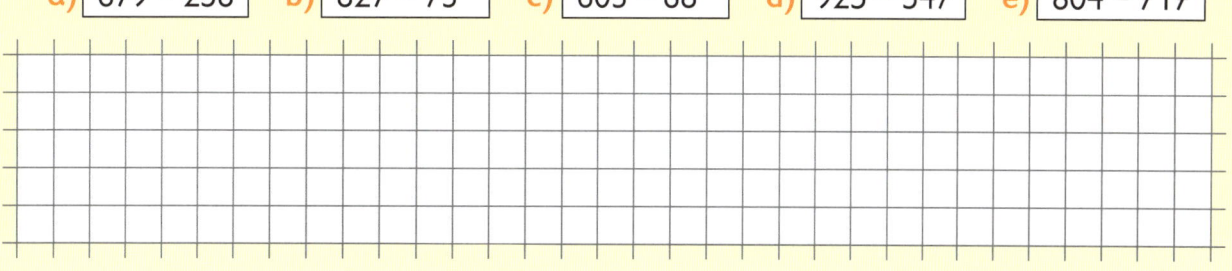

a)
```
- 3 2 4
─────────
  2 6 4
```

b)
```
  6 5 7
-
─────────
  3 1 5
```

c)
```
  8 0 3
-
─────────
  2 7 6
```

d)
```
  7 8
-   3 4
─────────
  3 5 2
```

e)
```
      4
- 5   7
─────────
  2 8 2
```

⑤ Schreibe als Kommazahl.

a) 3 € 75 ct = _____   b) 735 ct = _____   c) 420 cm = _____   d) 50 cm = _____

8 € 17 ct = _____   603 ct = _____   806 cm = _____   30 cm = _____

4 € 5 ct = _____   265 ct = _____   635 cm = _____   15 cm = _____

2 € 23 ct = _____   83 ct = _____   110 cm = _____   5 cm = _____

Zufall – Würfeln

① Würfle mit zwei Würfeln.
Bilde die Summe der Würfelpunkte.

a) Notiere alle Möglichkeiten in der Tabelle.

b) Welche Ergebnisse können nur mit jeweils einer einzigen Würfelkombination erzielt werden?

_____ , _____

c) Welches Ergebnis kann mit besonders vielen verschiedenen Würfelkombinationen erreicht werden?

_____

+	•	••	•••	••••	•••••	••••••
•	2	3				
••						
•••						
••••						
•••••						
••••••						

② Welche Regel ist fair, welche unfair?
Begründe deine Entscheidung.

Regel 1: Du bekommst einen Punkt, wenn die Summe der Würfelpunkte 6 beträgt, dein Partner bei der Summe 8.

Regel 2: Du bekommst einen Punkt, wenn die Summe der Würfelpunkte kleiner als 5 ist, dein Partner bei der Summe 7.

Regel 3: Du bekommst einen Punkt, wenn die Summe der Würfelpunkte größer oder gleich 9 ist, dein Partner bei allen anderen Summen.

Regel 1 ist _____, weil _____

_____

_____

_____

③ Würfle wieder mit zwei Würfeln.
Multipliziere die Würfelpunkte.

a) Notiere alle Möglichkeiten in der Tabelle.

b) Welche Ergebnisse können nur mit jeweils einer einzigen Würfelkombination erzielt werden?

_____

c) Welche Ergebnisse kommen mehr als zweimal vor?

_____

d) Welche Aussage stimmt? Kreuze an.

☐ Es gibt mehr gerade als ungerade Ergebnisse.

☐ Es gibt mehr Ergebnisse, die größer als 10 sind, als Ergebnisse, die kleiner als 10 sind.

☐ Es gibt mehr zweistellige Ergebnisse als einstellige.

·	•	••	•••	••••	•••••	••••••
•	1	2				
••						
•••						
••••						
•••••						
••••••						

SB▶64/65 AH▶31 A▶32

① Welche Glücksräder können es sein? Verbinde.

 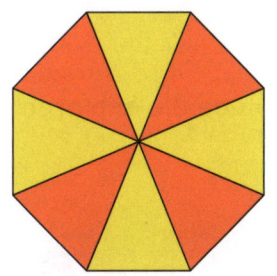  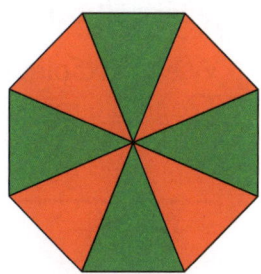

Die Chancen für Rot und Gelb sind gleich.

Gelb kommt auf keinen Fall.

Die Chancen für Rot sind besser als für alle anderen Farben.

Die Chancen für Grün sind sehr gering.

② Färbe die Glücksräder nach diesen Regeln.

A 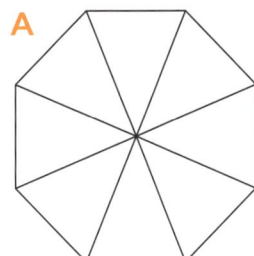 B 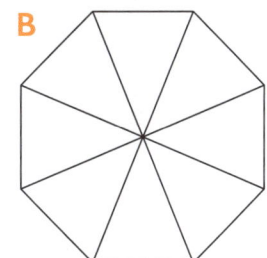 C 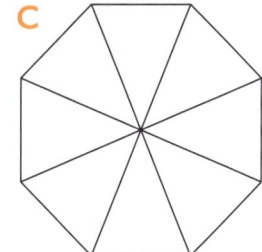 D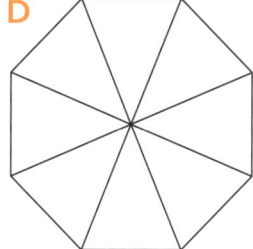

A: Drei Farben kommen vor. Zwei Farben haben höhere Chancen als die dritte.

B: Vier Farben kommen vor. Alle Farben haben die gleichen Chancen.

C: Drei Farben kommen vor. Eine Farbe hat doppelt so große Chancen wie die beiden anderen.

D: Vier Farben kommen vor. Zwei Farben haben die gleichen Chancen.

③ Du hast vier Säckchen mit roten und blauen Murmeln. Du gewinnst, wenn du eine blaue Murmel ziehst.

A 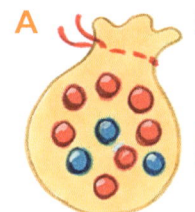 B  C 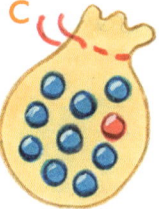 D

a) Bei welchem Säckchen gewinnst du wahrscheinlich? _____

b) Bei welchem Säckchen kannst du unmöglich gewinnen? _____

c) Bei welchem Säckchen sind die Chancen, eine blaue oder eine rote Murmel zu ziehen, gleich? _____

d) Wie oft musst du bei B höchstens ziehen, bis du sicher eine blaue Murmel zu bekommst? _____

Kombinatorik

① Tom, Paula, Anna, Jan und Max machen ein Tischtennis-Turnier.
Jeder soll genau einmal gegen jeden spielen.

Wie viele Spiele sind erforderlich?
Trage die möglichen Paarungen ein und verbinde die entsprechenden Kinder im Bild.

Spieler	gegen	Spieler
Tom		Paula
Tom		Anna
Tom		

Tom

Paula

Jan

Anna

Max

Tom gegen Paula
=
Paula gegen Tom!

Notiere die passende Additionsaufgabe: 4 + __ + __ + __ = ____ Spiele

---

② Für den Sportunterricht kann Maria aus zwei T-Shirts,
drei Sporthosen und zwei Paar Turnschuhen wählen.

Wie viele verschiedene Möglichkeiten hat sie, sich anzuziehen?

a) Schreibe alle möglichen Kombinationen aus: T-Shirt, Sporthose und Turnschuhen auf.

_____

_____

_____

_____

_____

b) Wie viele Möglichkeiten hat Maria, wenn alle
Kleidungsstücke verschiedene Farben haben sollen?

_____

① In der Schule mit Eulennest gibt es 5 Klassen. In den beiden Eingangsklassen E1 und E2 lernen Kinder des ersten und zweiten Unterrichtsjahrgangs gemeinsam.

Stelle die Schülerzahlen für alle Klassen als Balkendiagramm dar.
Zeichne für jedes Kind ein X.

Klasse	E1	E2	3a	3b	4a
Schülerzahl	28	29	19	19	29

② In der Schule wurde eine Befragung durchgeführt.

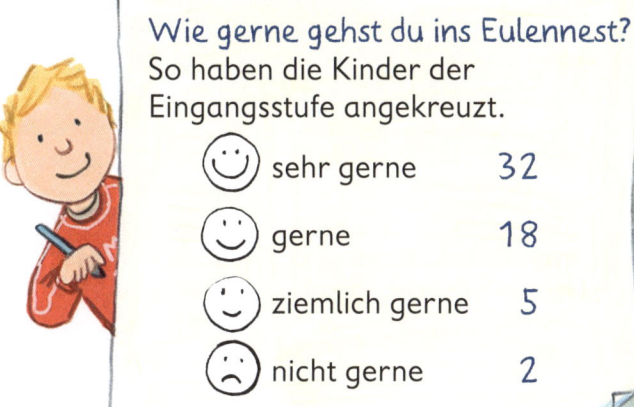

Wie gerne gehst du ins Eulennest?
So haben die Kinder der Eingangsstufe angekreuzt.

☺ sehr gerne	32
☺ gerne	18
☺ ziemlich gerne	5
☹ nicht gerne	2

Kreisdiagramm

Welche Farbe steht für welche Zahl? Schreibe auf.

🟥 _____ , 🟦 _____ , 🟨 _____ , 🟩 _____

③ Auch zum Spielen in der Pause wurden die Kinder der Eingangsstufe befragt.

Was machst du am liebsten in der Hofpause?

1. ☐ Fangspiele auf dem Hof
2. ☐ Fußball spielen
3. ☐ mich mit Freunden unterhalten
4. ☐ im Eulennest lesen
5. ☐ mir Spielgeräte ausleihen

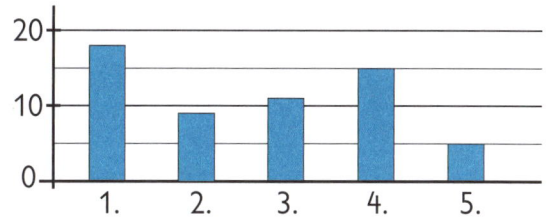

a) Was haben die meisten Kinder als Lieblingsbeschäftigung angegeben?

b) Notiere, wie viele Kinder ungefähr die einzelnen Beschäftigungen gewählt haben.

Knobelaufgaben

① Setze die Muster fort.

a)  | ★ | ◆ | ▲ | ▲ | ★ | | | | |

b) 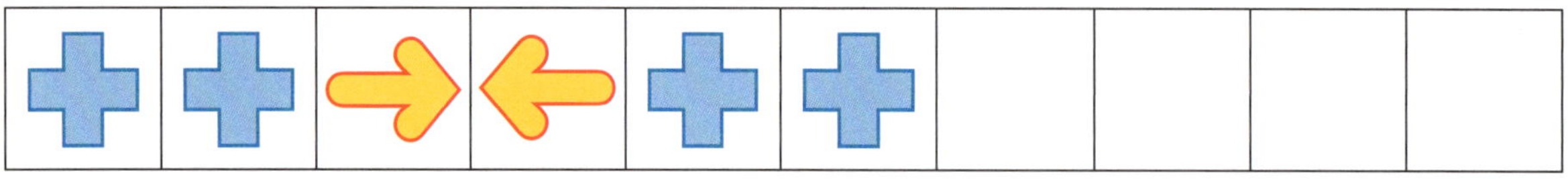 | ✚ | ✚ | → | ← | ✚ | ✚ | | | | |

c) 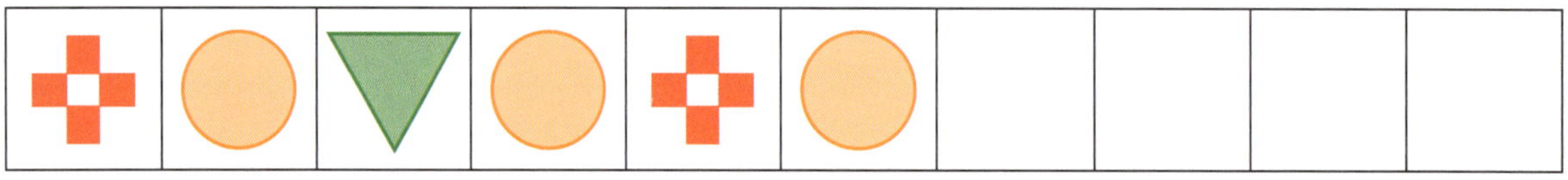 | � | ○ | ▽ | ○ | ✚ | ○ | | | | |

d)  | ♣ | ✿ | ✿ | ↓ | ✿ | ♣ | | | | |

② Setze die Zahlenfolgen fort. Notiere jeweils die Regel.

a) | 120 | 240 | 360 | | | | | | | |

Regel: Immer plus _____.

b) | 2 | 4 | 8 | 16 | | | | | | |

Regel: Immer mal _____.

c) | 1000 | 920 | 840 | | | | | | | |

Regel: Immer minus _____.

d) | 640 | 320 | 160 | | | | | | | |

Regel: Immer _____.

③ Wie viele blaue Quadrate sind es jeweils? Schreibe auf, wie du rechnest.
Wie geht es weiter?

 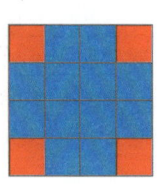 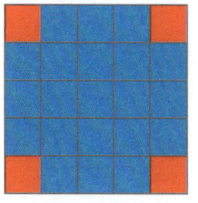 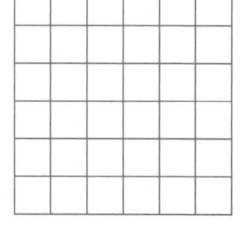

_____   _____   _____   _____

① Tim nimmt, ohne hinzusehen, jeweils drei Münzen aus seinem Portemonnaie und berechnet jedes Mal die Summe.

a) Welche Summe ist am kleinsten?

b) Welche Summe ist die größtmögliche?

c) Welche verschiedenen Summen sind möglich? Notiere.

② Die Kinder des 3. und 4. Schuljahres wurden zur Hofpause befragt.

Was machst du am liebsten in der Hofpause?

1. am Klettergerüst turnen   12
2. Fußball spielen   15
3. rennen und toben   10
4. in der Bücherei lesen   7
5. in der Bücherei am Computer spielen   5
6. in der Bücherei Gesellschaftsspiele spielen   9

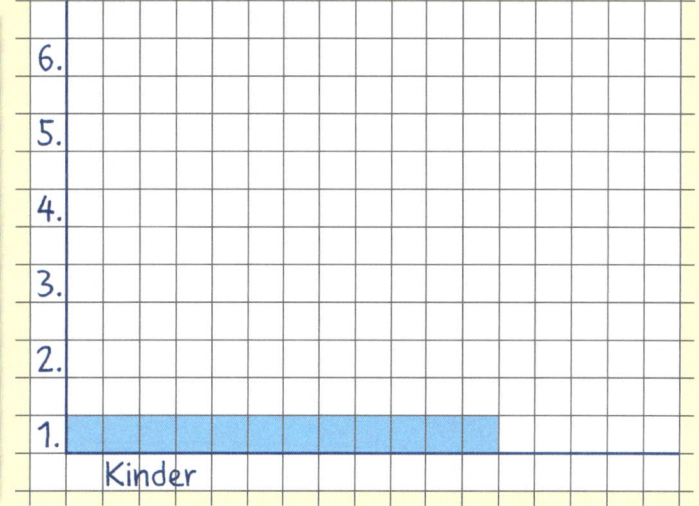

Kinder

a) Zeichne ein Balkendiagramm.

b) Was haben die meisten Kinder als Lieblingsbeschäftigung angegeben?

_____

c) Wie viele Kinder wurden befragt? _____

d) So sieht die gleiche Befragung als Kreisdiagramm aus. Ordne den Farben die passenden Nummern der Befragung zu.

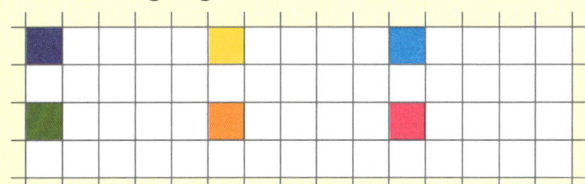

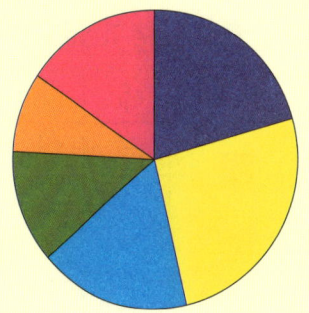

Wiederholung – Multiplikation

1 Ausschnitte aus der Einmaleinstafel. Fülle aus.

5·6 30	5·7 35	___ ___	___ ___	5·10 50
6·6 ___	6·7 42	___ ___	6·9 54	___
___ ___	___ ___	7·8 56	___ ___	___ ___
___ ___	8·7 56	___ ___	72	___
9·6 54	___ ___	___ ___	9·10 90	

___ ___	___ ___	4·5 20	___ ___	4·7 28
15	___	5·5 25	___	___
___ ___	___ ___	___ ___	6·6 36	___ ___
7·3 21	___	___	___	___
___	8·4 32	___	48	8·7 56

2 Markiere durch Einfärben:
die Quadratzahlen, die Zahlen der Einer- und Zehnerreihe und
die Ergebnisse von weiteren fünf Tauschaufgaben.

·	1	2	3	4	5	6	7	8	9	10
1	1	2	3	4	5	6	7	8	9	10
2	2	4	6	8	10	12	14	16	18	20
3	3	6	9	12	15	18	21	24	27	30
4	4	8	12	16	20	24	28	32	36	40
5	5	10	15	20	25	30	35	40	45	50
6	6	12	18	24	30	36	42	48	54	60
7	7	14	21	28	35	42	49	56	63	70
8	8	16	24	32	40	48	56	64	72	80
9	9	18	27	36	45	54	63	72	81	90
10	10	20	30	40	50	60	70	80	90	100

Tauschaufgaben liegen symmetrisch zur Diagonalen.

Die Quadratzahlen bilden die Diagonale der Einmaleinstafel.

Die Einerreihe und die Zehnerreihe kann doch jeder!

3 Rechne. Fülle die Tabellen aus.

a)

·	3	5	8
2			
3			
5			
8			

b)

·	3		7
4		16	
	18		
8			
			63

c)

·		6	
3			27
6			
		42	
9	18		

① Bestimme die Teiler von 12. Zerlege jedes Rechteck in gleich große Teile.
Finde verschiedene Möglichkeiten. Notiere die passende Malaufgabe.

a)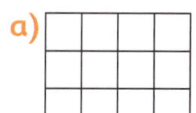

__1 · 12 = 12__

b)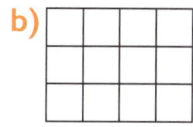

_____

c)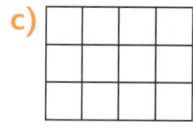

_____

d)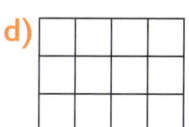

_____

e)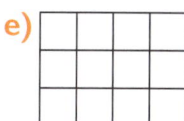

_____

f)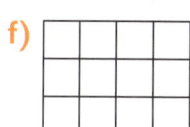

_____

Durch 1 und die Zahl selbst geht immer!

② Bestimme die Teiler von

Ordne Plättchen, wenn du möchtest.

a) 6 _____

b) 10 _____

c) 21 _____

d) 30 _____

Alle geraden Zahlen sind durch 2 teilbar. Ob die Zahlen durch 3 teilbar sind, muss ich prüfen.

③ Vervollständige die Zahlenfolgen. Um welche Vielfachen handelt es sich jeweils?

a)

14 · 16 · 18 · ( ) · 22 · ( ) · ( ) · 28 · ( ) · ( ) · 34

Das sind Vielfache von ____.

b)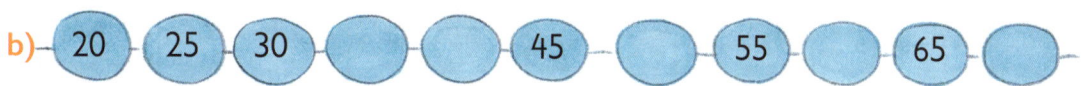

20 · 25 · 30 · ( ) · ( ) · 45 · ( ) · 55 · ( ) · 65 · ( )

Das sind Vielfache von ____.

c)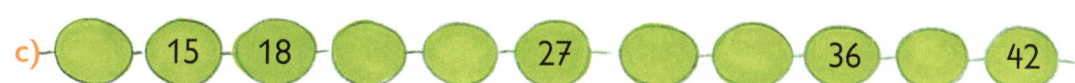

( ) · 15 · 18 · ( ) · ( ) · 27 · ( ) · ( ) · 36 · ( ) · 42

Das sind Vielfache von ____.

④ Notiere jeweils 5 Vielfache von

a) 4 _____

b) 10 _____

c) 20 _____

d) 100 _____

⑤ Finde Vielfache von 6 und kreise ein.

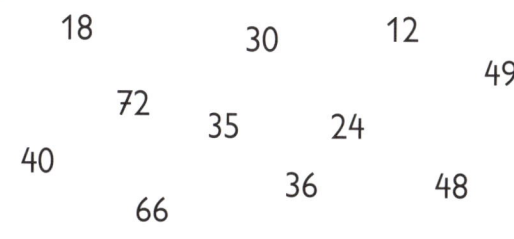

18   30   12
                    49
     72
        35   24
40
         66   36   48

Multiplikation mit Zehnerzahlen

①

$4 \cdot 1\,ct =$ _____

$4 \cdot 10\,ct =$ _____

$4 \cdot 2\,ct =$ _____

$4 \cdot 20\,ct =$ _____

$4 \cdot 5\,ct =$ _____

$4 \cdot 50\,ct =$ _____

Rechne.

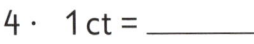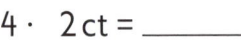

② a) $3 \cdot 4 =$ _____

$\;3 \cdot 40 =$ _____

b) $4 \cdot 6 =$ _____

$\;4 \cdot 60 =$ _____

c) $2 \cdot 5 =$ _____

$\;2 \cdot 50 =$ _____

d) $5 \cdot 3 =$ _____

$\;5 \cdot 30 =$ _____

e) $6 \cdot 4 =$ _____

$\;6 \cdot 40 =$ _____

f) $7 \cdot 6 =$ _____

$\;7 \cdot 60 =$ _____

g) $8 \cdot 5 =$ _____

$\;8 \cdot 50 =$ _____

h) $9 \cdot 3 =$ _____

$\;9 \cdot 30 =$ _____

_____

③ a) $5 \cdot 60 =$ _____

$\;5 \cdot 70 =$ _____

b) $3 \cdot 50 =$ _____

$\;3 \cdot 80 =$ _____

c) $6 \cdot 30 =$ _____

$\;6 \cdot 90 =$ _____

d) $7 \cdot 40$ _____

$\;7 \cdot 80$ _____

---

④ a)

·	4	40
2		
4		

b)

·	6	60
2		
4		

c)

·	8	80
3		
6		

d)

·	3	30
3		
6		

e)

·	3	30
5		
10		

f)

·	6	60
5		
10		

g)

·	7	70
4		
8		

h)

·	3	30
4		
8		

---

⑤ Trage die fehlenden Zahlen ein.

a)

20	40	60		100		140		180	

b)

40	80		160		240		320		400

c)

30		90		150		210		270	

d)

60	120		240		360		480		600

SB ▶ 80/81 AH ▶ 38 A ▶ 40

① Diese Aufgaben schaffst du im Kopf.

a) 2 · 500 = ____   **b)** 5 · 200 = ____   **c)** 3 · 250 = ____   **d)** 3 · 313 = ____

3 · 200 = ____   6 · 101 = ____   2 · 450 = ____   5 · 110 = ____

4 · 111 = ____   3 · 122 = ____   4 · 220 = ____   2 · 350 = ____

366   444   550   600   606   700   720   750   880   900   939   1000   1000

② **a)** 3 · 14 = ____   **b)** 4 · 23 = ____   **c)** 3 · 28 = ____
3 · 10 = ____   4 · 20 = ____   3 · = ____
3 · 4 = ____   4 · 3 = ____   3 · = ____

d) 5 · 32 = ____   **e)** 6 · 43 = ____   **f)** 7 · 78 = ____
· = ____   · = ____   · = ____
· = ____   · = ____   · = ____

31   42   84   92   160   258   546

③ **a)** 3 · 258 = ____   **b)** 6 · 137 = ____   **c)** 5 · 169 = ____
3 · 200 = ____   6 · = ____   · = ____
3 · 50 = ____   6 · = ____   · = ____
3 · 8 = ____   6 · = ____   · = ____

d) 4 · 236 = ____   **e)** 7 · 138 = ____   **f)** 3 · 328 = ____

734   774   822   845   944   966   984

④ Am Marktstand stehen Obstkisten. Schreibe und rechne die passenden Malaufgaben.

3 · ____ = ____   4 · ____ = ____   6 · ____ = ____   4 · ____ = ____

Division mit Zehnerzahlen

Rechne.

① a) 12 : 4 = ____   b) 15 : 3 = ____   c) 32 : 8 = ____   d) 20 : 5 = ____
   120 : 4 = ____   150 : 3 = ____   320 : 8 = ____   200 : 5 = ____

   e) 24 : 4 = ____   f) 30 : 3 = ____   g) 48 : 8 = ____   h) 40 : 5 = ____
   240 : 4 = ____   300 : 3 = ____   480 : 8 = ____   400 : 5 = ____

② a) 24 : 3 = ____   b) 70 : 7 = ____   c) 36 : 6 = ____   d) 72 : 9 = ____
   240 : 3 = ____   700 : 7 = ____   360 : 6 = ____   720 : 9 = ____

   e) 12 : 3 = ____   f) 35 : 7 = ____   g) 18 : 6 = ____   h) 36 : 9 = ____
   120 : 3 = ____   350 : 7 = ____   180 : 6 = ____   360 : 9 = ____

③ 3 Zahlen – 4 Aufgaben

a) 4 50 200
   200 : 4 = 50
   200 : 50 = __
   4 · 50 = ____
   50 · 4 = ____

b) 480 8 60
   480 : 8 = ____
   480 : 60 = __
   8 · 60 = ____
   __ · __ = ____

c) 210 7
   210 : 7 = ____
   210 : ___ = ____
   7 · ___ = ____
   ___ · 7 = ____

d) 4 360
   ____ : __ = ____
   ____ : __ = ____
   __ · ____ = ____
   __ · ___ = ____

④ a)

:	5	50
300		
500		

b)

:	7	70
280		
420		

c)

:	6	60
180		
360		

d)

:	9	90
450		
720		

⑤ Rechne vorab die einfache Aufgabe im Kopf.

a) 250 : 50 = ____   b) 120 : 30 = ____   c) 160 : 40 = ____   d) 180 : 60 = ____
   350 : 50 = ____   180 : 30 = ____   280 : 40 = ____   300 : 60 = ____
   450 : 50 = ____   240 : 30 = ____   360 : 40 = ____   480 : 60 = ____

SB ▶ 84/85 AH ▶ 41 A ▶ 42

Halbschriftliches Dividieren

1 a)
```
5 4 : 3 =
3 0 : 3 =
2 4 : 3 =
```
b)
```
7 2 : 4 =
    : =
    : =
```
c)
```
8 4 : 6 =
    : =
    : =
```

2 a)
```
4 3 6 : 4 =
4 0 0 : 4 =
    : 4 =
```
b)
```
7 4 2 : 7 =
    : =
    : =
```
c)
```
9 6 3 : 9 =
    : =
    : =
```

d) 2 0 7 : 3 =   e) 3 8 4 : 8 =   f) 4 3 2 : 6 =

3 Zerlege und rechne. Mache auch die Probe.

a) 3 4 4 : 4 =   b) 6 5 8 : 7 =   c) 4 7 7 : 9 =

Probe: Probe: Probe:

4 Aufgaben mit Rest

```
3 2 2 : 3 = 1 0 7 R 1
3 0 0 : 3 = 1 0 0
  2 2 : 3 =       7 R 1
```
a) 2 9 6 : 7 =

Wie viel Rest höchstens?

b) 5 6 5 : 6 =   c) 7 4 2 : 8 =

5 Beim Flohmarkt

In der Cafeteria wurden 96 Stücke Torte verkauft.
Jede Torte war in 8 Stücke geschnitten. Wie viele Torten wurden gespendet?

SB ▶ 86/87 AH ▶ 42 A ▶ 43

Punktrechnung vor Strichrechnung

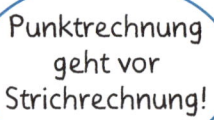

$$7 + 3 \cdot 6 = 7 + 18 = 25$$

① a) $7 + 3 \cdot 6 = \underline{\quad} + \underline{\quad} = \underline{\quad}$ b) $40 - 7 \cdot 5 = \underline{\quad} - \underline{\quad} = \underline{\quad}$

     $3 + 5 \cdot 8 = \underline{\quad} + \underline{\quad} = \underline{\quad}$ $60 - 6 \cdot 9 = \underline{\quad} - \underline{\quad} = \underline{\quad}$

     $5 + 4 \cdot 9 = \underline{\quad} + \underline{\quad} = \underline{\quad}$ $32 - 8 \cdot 3 = \underline{\quad} - \underline{\quad} = \underline{\quad}$

     $8 + 2 \cdot 7 = \underline{\quad} + \underline{\quad} = \underline{\quad}$ $43 - 4 \cdot 7 = \underline{\quad} - \underline{\quad} = \underline{\quad}$

     5   6   8   15   18   22   25   41   43

$$3 \cdot 4 + 7 \cdot 2 = 12 + 14 = 26$$

② a) $3 \cdot 4 + 7 \cdot 2 = \underline{\quad} + \underline{\quad} = \underline{\quad}$ b) $7 \cdot 8 - 3 \cdot 2 = \underline{\quad} - \underline{\quad} = \underline{\quad}$

     $5 \cdot 6 + 6 \cdot 3 = \underline{\quad} + \underline{\quad} = \underline{\quad}$ $6 \cdot 6 - 4 \cdot 4 = \underline{\quad} - \underline{\quad} = \underline{\quad}$

     $4 \cdot 8 + 2 \cdot 5 = \underline{\quad} + \underline{\quad} = \underline{\quad}$ $5 \cdot 7 - 3 \cdot 4 = \underline{\quad} - \underline{\quad} = \underline{\quad}$

     $9 \cdot 9 + 3 \cdot 3 = \underline{\quad} + \underline{\quad} = \underline{\quad}$ $8 \cdot 8 - 5 \cdot 6 = \underline{\quad} - \underline{\quad} = \underline{\quad}$

     20   23   26   34   42   48   50   90   100

③ Berechne die Kosten. Notiere bei jeder Aufgabe nur eine Rechnung.

   a) Die Klasse 3 a kauft zwei Softfußbälle, ein Diabolo und ein Federballspiel.

   b) Die Klasse 3 b bestellt zwei Indiaca-Tennis-Spiele und zwei Federballspiele.

   c) Zwei Boccia-Spiele und drei Softfußbälle erhält die Klasse 4 a.

   d) Für die Klasse 4 b werden vier Federballspiele und ein Boccia-Spiel angeschafft.

Boccia
14 €

Federballspiel
21 €

Softfußball
19 €

Indiaca-Tennis
26 €

Diabolo
25 €

SB▶88/89   AH▶43   A▶44

Meine Zahl ist ein Vielfaches von 20 und kleiner als 160.

① Welche Zahlen passen? Notiere alle Ungleichungen.

$$\boxed{} \cdot 2\,0 < 1\,6\,0$$

Setze <, = oder > ein.

② a) 3 · 50 ◯ 200
    4 · 50 ◯ 200
    5 · 50 ◯ 200

b) 6 · 70 ◯ 350
    4 · 70 ◯ 350
    5 · 70 ◯ 350

c) 6 · 80 ◯ 500
    6 · 90 ◯ 500
    6 · 60 ◯ 500

d) 9 · 90 ◯ 1000
    10 · 100 ◯ 1000
    10 · 50 ◯ 1000

③ a) 400 : 5 ◯ 90
    450 : 5 ◯ 90
    500 : 5 ◯ 90

b) 200 : 2 ◯ 100
    200 : 4 ◯ 40
    350 : 5 ◯ 50

c) 360 : 4 ◯ 80
    360 : 6 ◯ 70
    360 : 9 ◯ 30

d) 420 : 7 ◯ 70
    450 : 5 ◯ 90
    480 : 8 ◯ 50

④ Setze eine passende Zahl ein.

a) ___ · 30 < 100
    ___ · 40 < 300
    ___ · 60 < 500

b) ___ · 20 < 150
    ___ · 50 < 420
    ___ · 70 < 340

c) ___ · 80 > 400
    ___ · 90 > 500
    ___ · 30 > 250

d) ___ · 40 < 350
    ___ · 60 < 550
    ___ · 70 < 620

⑤ Vergleiche die Zeitspannen. Setze <, = oder > ein.

a) 15 min ◯ 1 h
    75 min ◯ 1 h
    90 min ◯ 2 h

b) 2 h ◯ 120 min
    3 h ◯ 150 min
    5 h ◯ 250 min

c) 20 min + 50 min ◯ 1 h
    60 min − 15 min ◯ 1 h
    300 min + 60 min ◯ 6 h

⑥ Anna möchte für 2 € Lutscher kaufen. Es gibt Lutscher zu 15 ct und zu 25 ct. Finde heraus, wie viele sie höchstens bekommt, wenn sie

a) nur Lutscher in einer Größe kauft,

b) Lutscher in beiden Größen kauft.

SB▶90/91 AH▶44 A▶45

Das kann ich schon!

① Einmaleins/Zehnereinmaleins $\boxed{3 \cdot 8 + 4 \cdot 8 = 7 \cdot 8}$

a) 2 · 3 = _____   3 · 3 = _____   4 · 3 = _____   7 · 3 = _____

2 · 5 = _____   3 · 5 = _____   4 · 5 = _____   7 · 5 = _____

2 · 7 = _____   3 · 7 = _____   4 · 7 = _____   7 · 7 = _____

2 · 9 = _____   3 · 9 = _____   4 · 9 = _____   7 · 9 = _____

b) 5 · 30 = _____   6 · 30 = _____   8 · 30 = _____   9 · 30 = _____

5 · 50 = _____   6 · 50 = _____   8 · 50 = _____   9 · 50 = _____

5 · 70 = _____   6 · 70 = _____   8 · 70 = _____   9 · 70 = _____

5 · 90 = _____   6 · 90 = _____   8 · 90 = _____   9 · 90 = _____

② Schau dir die Beispiele an. Entscheide, wie du rechnest.

$$4 \cdot 23 = 4 \cdot 20 + 4 \cdot 3 \qquad 9 \cdot 25 = 10 \cdot 25 - 1 \cdot 25$$

a) 4 · 23 = _____   b) 5 · 44 = _____   c) 9 · 25 = _____   d) 8 · 35 = _____

6 · 27 = _____   6 · 38 = _____   9 · 68 = _____   8 · 86 = _____

7 · 32 = _____   7 · 53 = _____   9 · 76 = _____   8 · 67 = _____

3 · 48 = _____   4 · 64 = _____   9 · 85 = _____   8 · 75 = _____

③ 42 : 7 = __   420 : 7 = ___   420 : 70 = __   240 : 60 = __   270 : 30 = __

24 : 4 = __   240 : 4 = ___   240 : 40 = __   300 : 60 = __   360 : 40 = __

48 : 8 = __   480 : 8 = ___   480 : 80 = __   480 : 60 = __   450 : 50 = __

54 : 9 = __   540 : 9 = ___   540 : 90 = __   540 : 60 = __   560 : 70 = __

④ Richtig $\boxed{r}$ oder falsch $\boxed{f}$?

a) Jede Zahl hat unendlich viele Vielfache. ☐

b) Jede Zahl hat mindestens 2 Teiler. ☐

c) Alle ungeraden Zahlen sind durch 2 teilbar. ☐

d) Alle Vielfachen von 4 sind auch Vielfache von 2. ☐

⑤ Richtig oder falsch?

4 + 3 · 8 = 4 · 7 ☐

2 + 7 · 7 = 9 · 7 ☐

5 + 9 · 3 = 8 · 4 ☐

6 + 4 · 7 = 9 · 8 ☐

⑥ Verschiedene Rechenzeichen in einer Aufgabe. $\boxed{3 + 4 \cdot 7} \qquad \boxed{4 \cdot 7 + 3}$

6 + 4 · 7 = _____   4 + 8 · 7 = _____   3 + 5 · 9 = _____   5 + 9 · 6 = _____

5 + 6 · 7 = _____   3 + 7 · 8 = _____   4 + 6 · 7 = _____   6 + 8 · 5 = _____

SB▶92/93   A▶46

1 Wie heißen die Körpergrundformen? Schreibe auf.

 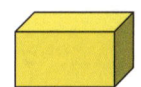    

_____ _____ _____ _____ _____ _____

2 An allen Würfeln, die sich aus diesen Netzen bauen lassen, sollen gegenüberliegende Flächen die gleiche Farbe haben. Benutze zum Einfärben ⬛, 🟥, und 🟩.

a) 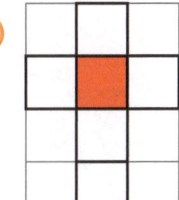 b) 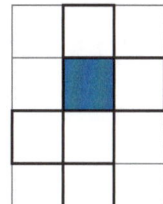 c) 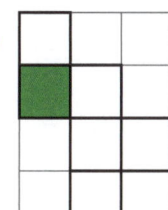 d)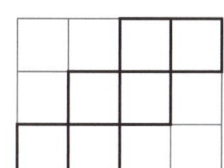

3 Färbe die Quadernetze so ein, dass gegenüberliegende Flächen die gleiche Farbe haben. Benutze zum Einfärben ⬛, 🟥, und 🟨.

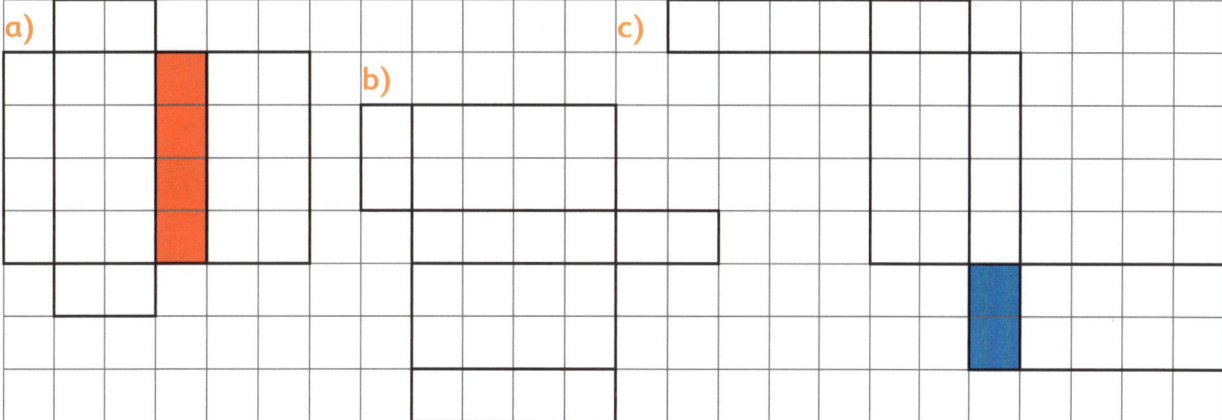

4 Welches Netz gehört zu welchem Würfel? Verbinde.

a)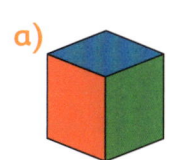
b)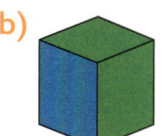

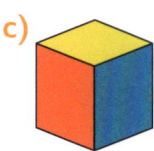
c)
d)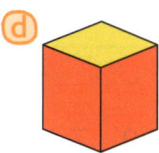
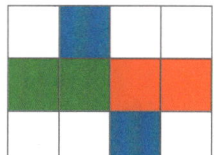

Vergrößern – verkleinern

① Manchmal gestalten Maler für ihre Bilder zunächst kleine Entwürfe.
Nina hat ein Bild in der Art von Piet Mondrian entworfen.

Vergrößere das Bild im Maßstab 2:1.

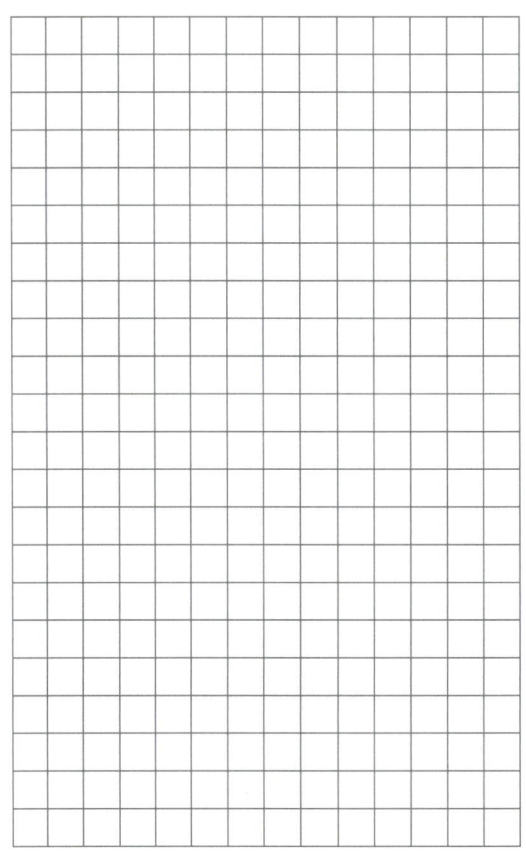

Ich baue mir daraus einen Mondrian-Würfel.

② Verkleinere das Netz im Maßstab 1:2.
Wie lang werden die Kanten des verkleinerten Würfels? _____

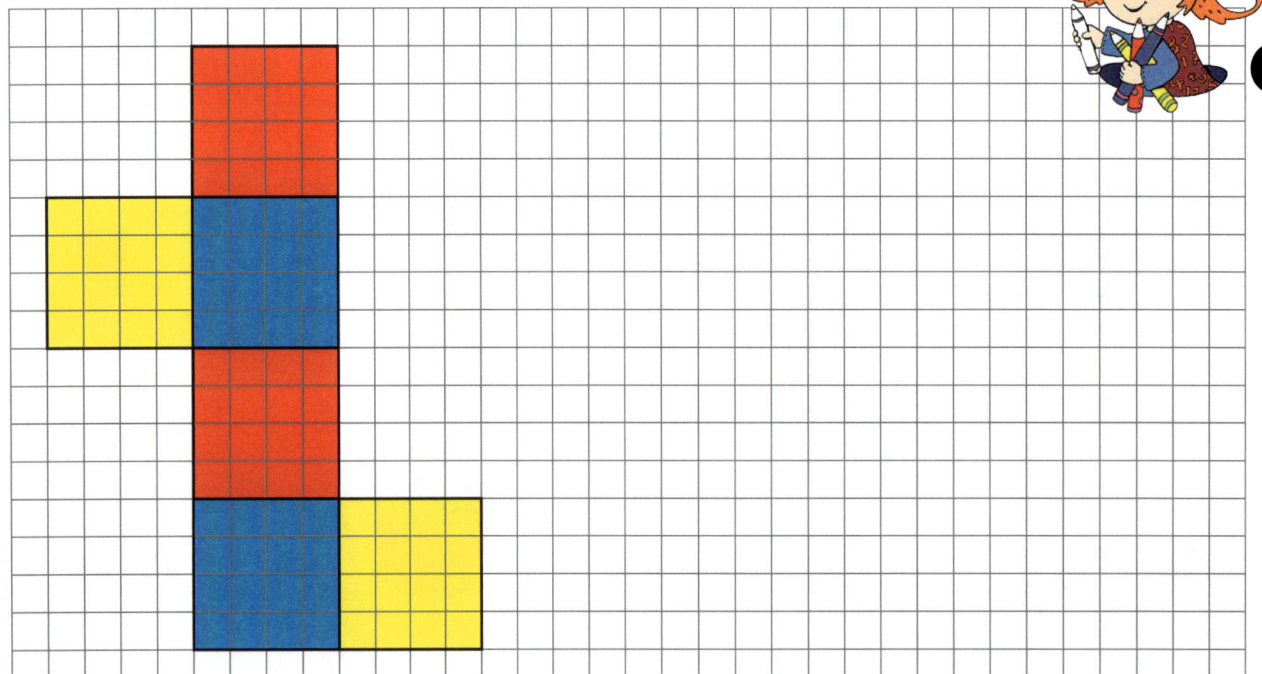

SB▶96/97 AH▶46 A▶48

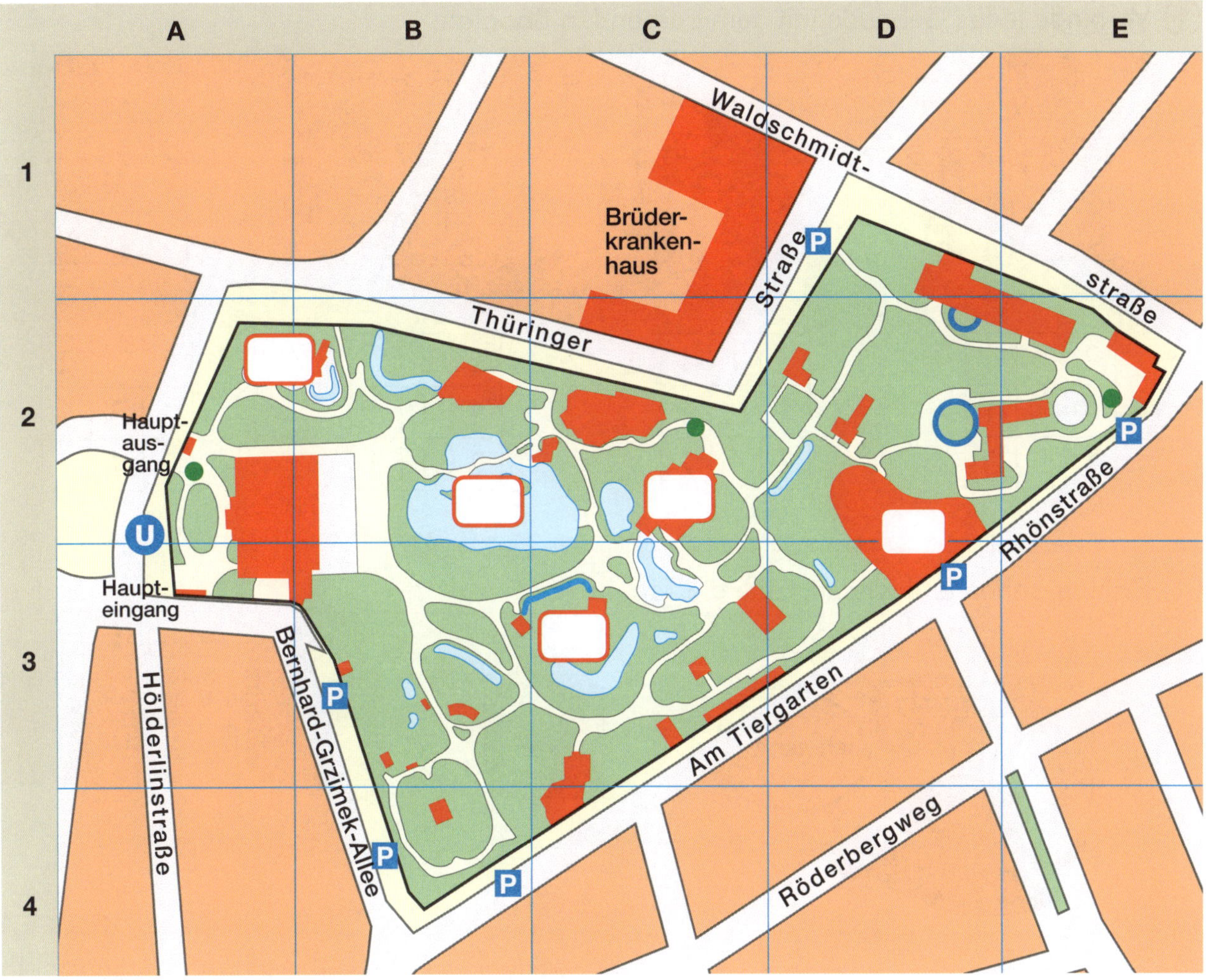

Map of the Frankfurt Zoo with grid coordinates A–E (columns) and 1–4 (rows), showing streets: Waldschmidt-Straße, Thüringer, Brüder-kranken-haus, Hölderlinstraße, Bernhard-Grzimek-Allee, Am Tiergarten, Röderbergweg, Rhönstraße, straße. Markers: Haupt-ausgang, Haupt-eingang, U-Bahn, P (parking).

① Wo befindet sich was? Gib jeweils das Planquadrat an.

– Haupteingang und Hauptausgang des Frankfurter Zoos
   liegen gleich bei der U-Bahn-Haltestelle am Alfred-Rehm-Platz. [ ]

– Einen zweiten Eingang gibt es Ecke Rhönstraße/Waldschmidtstraße. [ ]

– Lagepläne sind durch grüne Punkte markiert. [ ] [ ] [ ]

– Sechs Parkplätze **P** stehen zur Verfügung.

[ ] [ ] [ ] [ ] [ ] [ ]

② Wo befindet sich was?
   Trage die Kennziffer an der entsprechenden Stelle in den Plan ein.

⑥ Fische und Schlangen leben im Exotarium. [2 C]

㉕ Schwimmvögel leben beim großen Weiher. [2 B/C]

② Das Bärengehege ist mit einem Wall umgeben. [2 A/B]

Würfelgebäude

① Verbinde jedes Gebäude mit dem passenden Bauplan.

a) 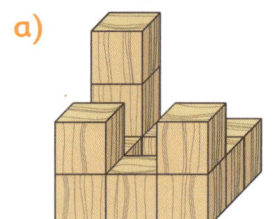   b)    c)    d)

a)
2	1	1
1		1
1		3

b)
3	1	1
1		1
2	1	2

c)
2	3	
1	1	1
2	1	3

d)
1		2
1	3	1
2	1	

② Zählen, sehen und wissen. Fülle die Tabelle aus.

Ich weiß: sicher 4.

Ich sehe 3.

a) 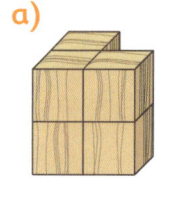   b) 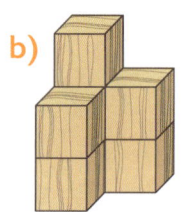   c)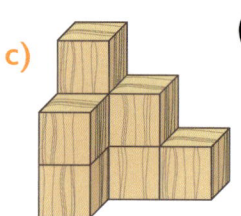

d)    e)    f)    g)    h)

	a)	b)	c)	d)	e)	f)	g)	h)
Ich sehe								
Ich weiß, es sind sicher								

③ Immer 12 Würfel. Schreibe die Baupläne.
Trage in Rot die Würfel ein, die man nicht sehen und nicht sicher wissen kann.

a) 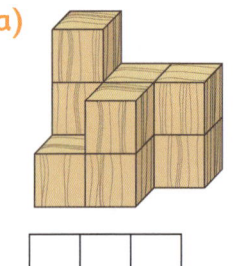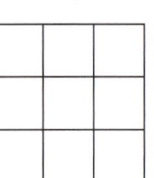   b) 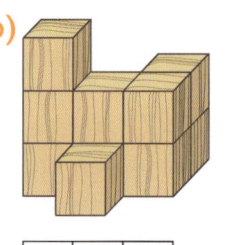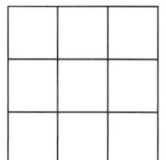   c) 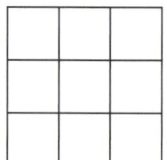   d)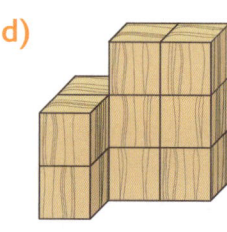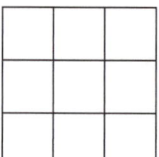

① Male die Somateile in der richtigen Farbe an.

② Verbinde jeweils mit dem richtigen Namensschild.

Ecke

L

T

rechte Hand

Z

Drilling

linke Hand

③ Baue die Gebäude aus zwei Somateilen nach.
Färbe jeweils den zweiten Somastein in der richtigen Farbe ein.

a)   b)   c)   d)

④ Baue auch diese Gebäude aus zwei Somateilen nach.
Färbe die Teile dann ein.

a)   b)   c)   d)

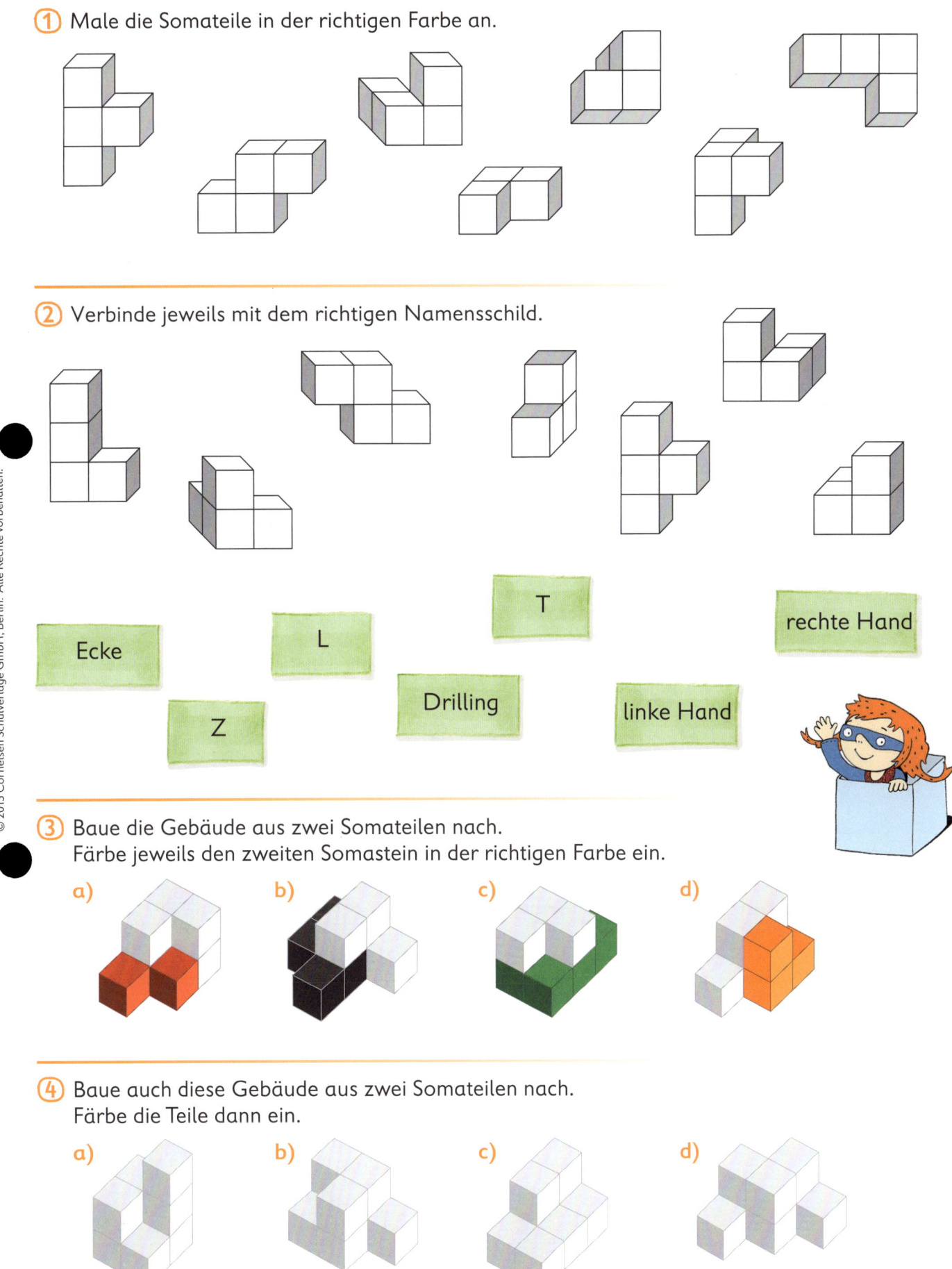

SB▶102/103 AH▶49 A▶51

Das kann ich schon!

① Vergrößere, zeichne statt einer Kästchenlänge zwei Kästchenlängen.

Gib den Maßstab für die Vergrößerung an. Maßstab: ____ : ____

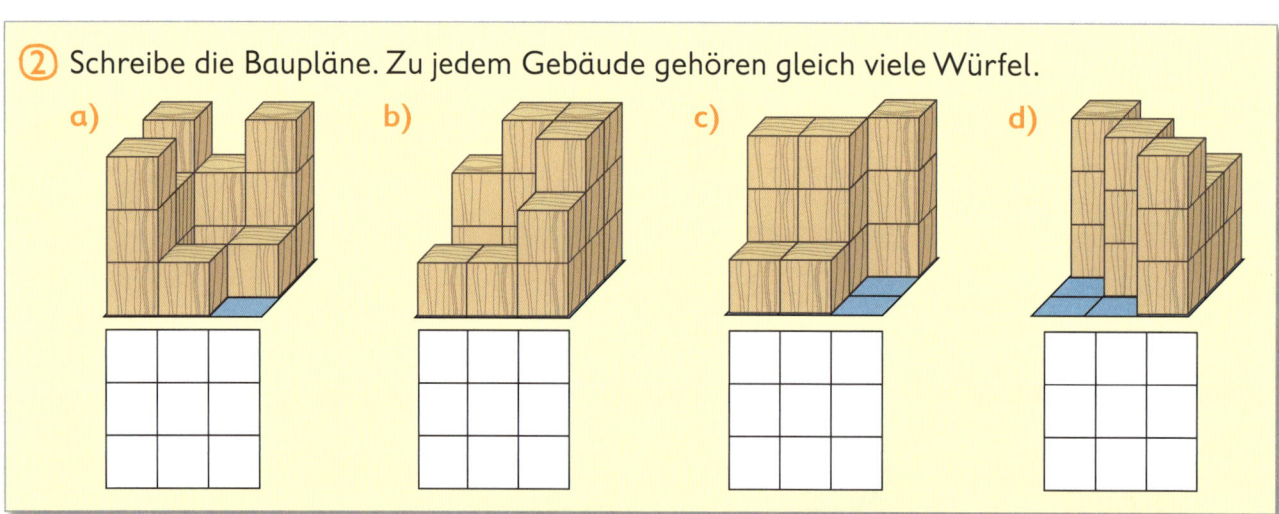

② Schreibe die Baupläne. Zu jedem Gebäude gehören gleich viele Würfel.

a)   b)   c)   d)

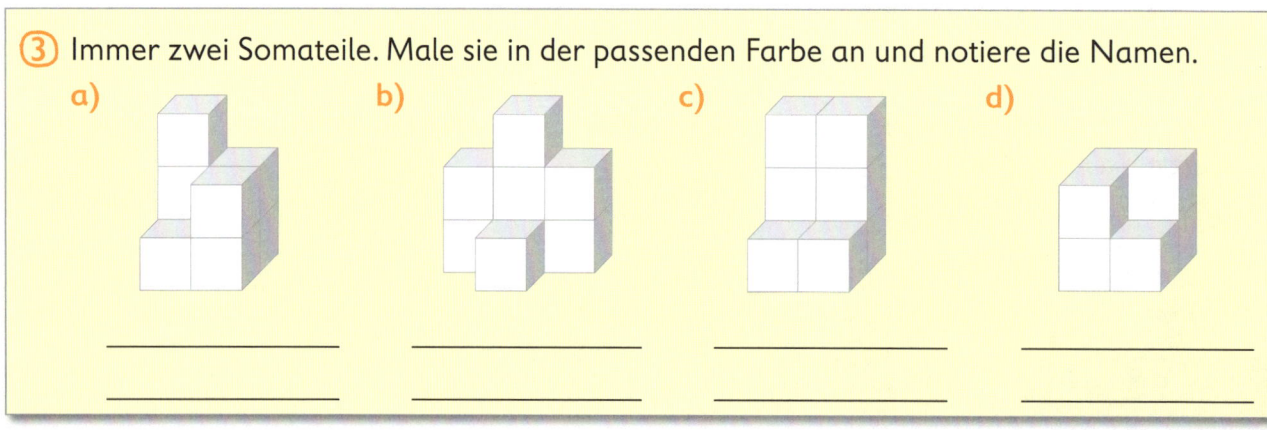

③ Immer zwei Somateile. Male sie in der passenden Farbe an und notiere die Namen.

a)   b)   c)   d)

_____ _____ _____ _____

_____ _____ _____ _____

Zeit, Zeitspannen – Stunden, Minuten, Sekunden

Genau 14 Uhr

Stunden	Minuten	Sekunden
14	00	00

1 Stunde = 60 Minuten
1 h = 60 min

1 Minute = 60 Sekunden
1 min = 60 s

① Wie viel Zeit ist seit 14 Uhr vergangen?

a) Schreibe die Minuten auf.

_____ min _____ _____ _____ _____

b) Schreibe die Sekunden auf.

_____ s _____ _____ _____ _____

② Beantworte mit Hilfe des Fahrplans.

Köln Hbf. → Hamburg Hbf.

Bahnhof	An	Ab
Köln Hbf.		9:08
Düsseldorf Hbf.	9:29	9:31
Duisburg Hbf.	9:44	9:46
Essen Hbf.	9:54	9:55
Bochum Hbf.	10:09	10:10
Dortmund Hbf.	10:20	10:25
Münster Hbf.	10:55	10:57
Osnabrück Hbf.	11:20	11:23
Bremen Hbf.	12:14	12:18
Hamburg Hbf.	13:13	

Lea wohnt in Köln und besucht ihre Oma in Hamburg.
a) Wann fährt sie los?

_____

b) Wann kommt sie am Hamburger Hbf. an?

_____

c) Wie oft hält der Zug an?

_____

d) Wie lange ist sie unterwegs?

_____

e) Wo hält der Zug am längsten?

_____

Volumina – Liter, Milliliter

① Lies ab. Wie viel? Notiere.

a)　　　b)　　　c)　　　d)　　　e)

_____ _____ _____ _____ _____

② Zeichne die Füllhöhe ein.

a) 500 ml　　b) 250 ml　　c) $\frac{1}{8}$ l　　d) 850 ml　　e) 600 ml

③ Welches Kärtchen passt? Trage ein.

5 ml

125 ml

125 ml

20 ml

100 ml

sind gleich viel wie

sind mehr als　　sind weniger als

5 Teelöffel Wasser _____ 2 Esslöffel Wasser.

1 Suppenkelle Wasser _____ 2 Tassen Wasser.

5 Tassen Wasser _____ 6 Gläser Wasser.

10 Esslöffel Wasser _____ 1 Tasse Wasser.

2 Gläser Wasser _____ 10 Esslöffel Wasser.

④ Male Zettel mit der gleichen Mengenangabe in derselben Farbe an.

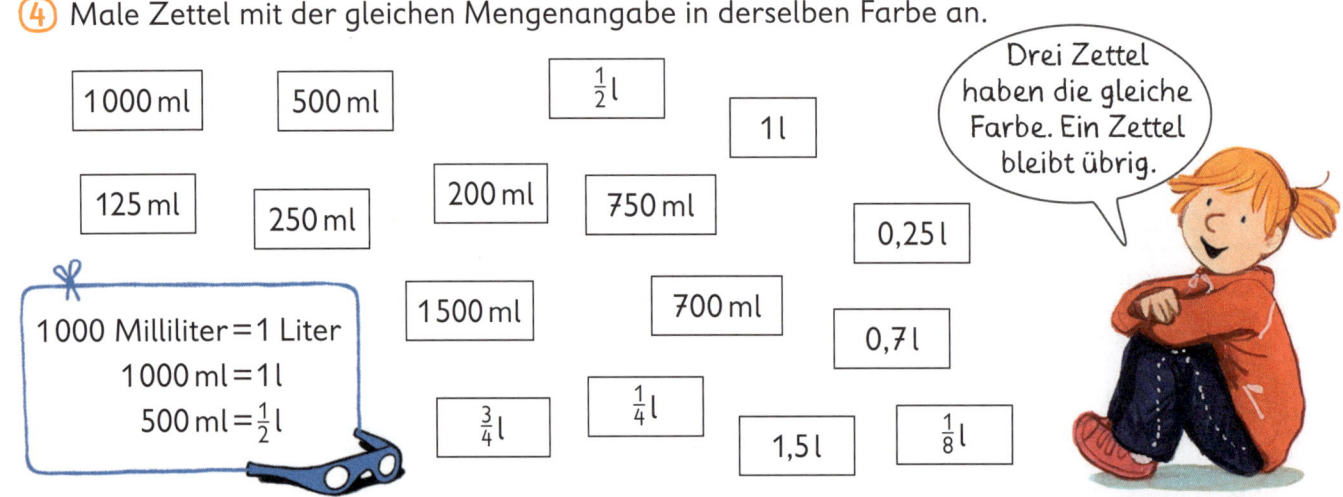

Drei Zettel haben die gleiche Farbe. Ein Zettel bleibt übrig.

1000 ml　　500 ml　　$\frac{1}{2}$ l　　1 l

125 ml　　250 ml　　200 ml　　750 ml　　0,25 l

1000 Milliliter = 1 Liter
1000 ml = 1 l
500 ml = $\frac{1}{2}$ l

1500 ml　　700 ml　　0,7 l

$\frac{3}{4}$ l　　$\frac{1}{4}$ l　　1,5 l　　$\frac{1}{8}$ l

SB ▶ 108/109　AH ▶ 51　A ▶ 54/55

⑤ Wie viele Gläser kannst du mit 1 Liter Saft füllen? Rechne oder male.

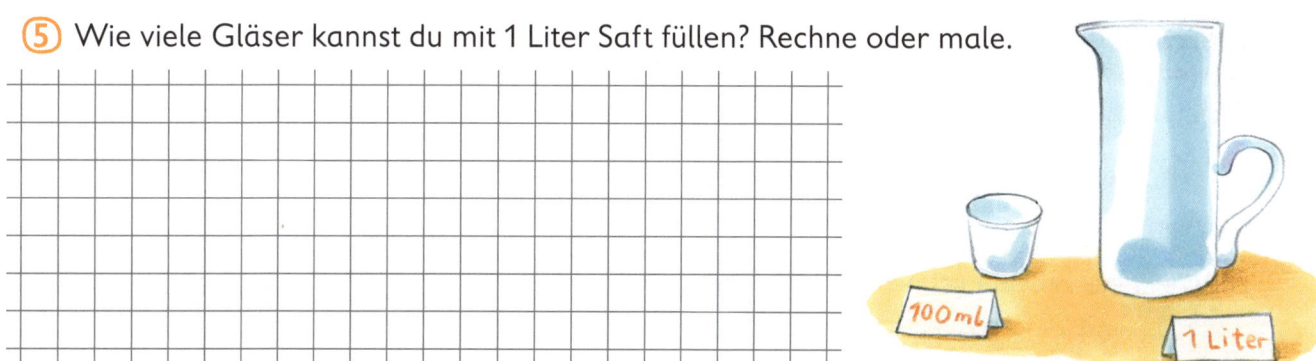

---

⑥ Für jeden Durst das richtige Glas.

| Annas Glas fasst 100 ml Saft. | Vedats Glas fasst 150 ml Saft. | Jans Glas fasst 200 ml Saft. | Leas Glas fasst 250 ml Saft. | Max öffnet eine 1-l-Flasche Apfelsaft. |

a) Wie viel Saft bleibt übrig, wenn nur zwei Kinder jetzt Saft trinken möchten?
Finde viele Möglichkeiten und trage sie in die Tabelle ein.

Welche Kinder trinken jetzt Saft?	Saftmenge zusammen in ml	Rest in ml	Rest in l
Vedat und Jan	350 ml	650	0,650

b) Vedat sagt: „Mit 1,5 l Apfelsaft kann man alle Gläser zweimal füllen."
Stimmt das?
Begründe deine Entscheidung.

_____

_____

_____

Gesund frühstücken

① Die 27 Kinder der Klasse 3a bereiten Müsli für ein gesundes Frühstück vor.
Für jedes Kind werden etwa 50 g Müsli und 75 g Joghurt gebraucht. Außerdem soll es
Äpfel, Bananen und Birnen in Stücken dazu geben. Eine Frucht reicht für etwa 4 Kinder.

a) Wie viele 1-kg-Packungen Müsli muss die Klasse einkaufen?

b) Wie viele 150-g-Becher Joghurt werden eingekauft?

c) Wie viele Früchte reichen für die Klasse?

② Fülle aus.

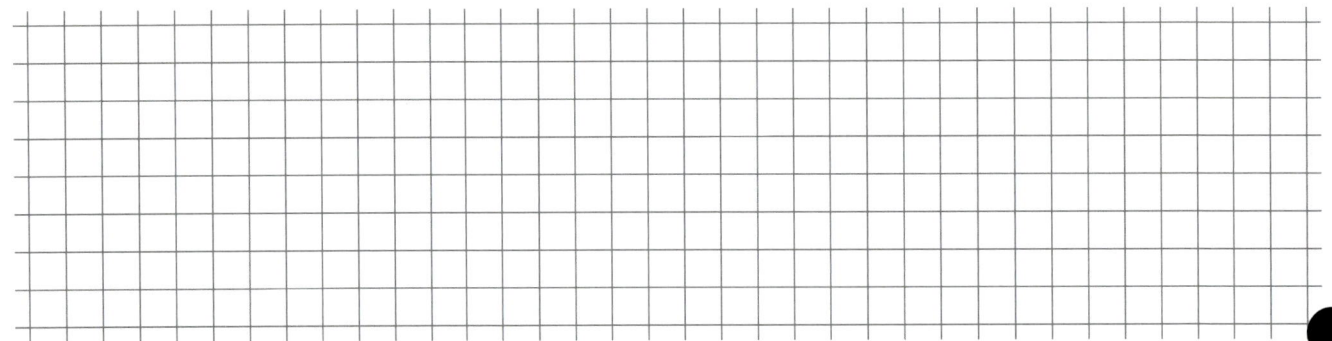

a)

	400 g	200 g	100 g
	4,00 €		

b)

	800 ml	400 ml	200 ml	100 ml
	3,20 €			

c)

	400 g	200 g	100 g

d)

	800 g	400 g	200 g	100 g

③ **a)** Maria kauft 2 Flaschen Ketchup. **b)** Tom soll 3 Packungen Müsli kaufen.

c) Herr Schiller kauft 3 Gläser Marmelade.

d) Meine Aufgabe: _____

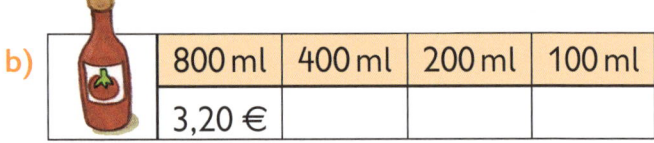

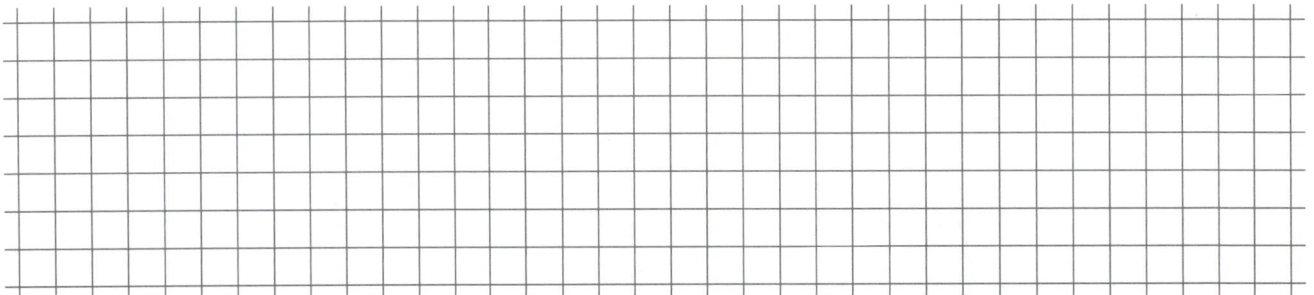

SB▶110/111 AH▶52 A▶56

Parkhaus	täglich 24 Stunden geöffnet		
Parktarif		**Sondertarif**	
Montag–Freitag 7.00–20.00 Uhr Samstag 7.00–18.00 Uhr		außerhalb dieser Zeiten sowie an Sonn- und Feiertagen	
je angefangene Stunde 1.–3. Stunde	1,50 €	je angefangene Stunde	1,00 €
ab 4. Stunde	1,00 €	Tageshöchstbetrag	5,00 €
Tageshöchstbetrag	11,50 €		

Der Parktarif legt die Gebühren für das Parken fest. Sie richten sich nach Wochentag, Uhrzeit und Parkdauer. Bei der Einfahrt wird auf dem Parkschein die genaue Uhrzeit gespeichert. Der Zahlautomat berechnet beim Einstecken des Parkscheins vor der Ausfahrt Parkzeit und die Parkgebühr.

① Stelle die Parkgebühren als Tabelle dar.

Parktarif											
Montag–Freitag 7.00–20.00 Uhr Samstag 7.00–18.00 Uhr											

Parkzeit bis … Std.	1	2	3	4	5	6	7	8	9	10	11
Gebühr in €	1,50	3,00									

Sondertarif											
Montag–Freitag 20.00–7.00 Uhr von Samstag 18.00 bis Montag 7.00 Uhr											

Parkzeit bis … Std.	1	2	3	4	5	6	7	8	9	10	11
Gebühr in €	1,00										

② a) Wie viel Euro muss Frau Koch am Mittwochnachmittag für eine Parkzeit von 4 Stunden 30 Minuten bezahlen?

b) Wie viel Parkgebühr zahlt Herr Knapp am Sonntag für fast 5 Stunden Parkzeit?

③ Erfinde eine eigene Aufgabe. Berechne die Parkgebühr.

Wer?	Wann?	Uhrzeit von … bis	Dauer	Gebühr

① Die Kinder in Europa haben nicht nur zu verschiedenen Zeiten Sommerferien, diese dauern auch unterschiedlich lange.

a) Berechne für die Länder in der Tabelle die Anzahl der freien Tage während der Sommerferien.

b) Wie viele ganze Wochen sind das?

c) Ordne die Länder nach der Dauer der Sommerferien.

Kalender

```
        Januar                  Februar                   März
Mo Di Mi Do Fr Sa So     Mo Di Mi Do Fr Sa So     Mo Di Mi Do Fr Sa So
          1  2  3          1  2  3  4  5  6  7                1  2  3  4  5  6
 4  5  6  7  8  9 10       8  9 10 11 12 13 14        7  8  9 10 11 12 13
11 12 13 14 15 16 17      15 16 17 18 19 20 21       14 15 16 17 18 19 20
18 19 20 21 22 23 24      22 23 24 25 26 27 28       21 22 23 24 25 26 27
25 26 27 28 29 30 31      29                         28 29 30 31

         April                     Mai                      Juni
Mo Di Mi Do Fr Sa So     Mo Di Mi Do Fr Sa So     Mo Di Mi Do Fr Sa So
             1  2  3                       1                1  2  3  4  5
 4  5  6  7  8  9 10       2  3  4  5  6  7  8        6  7  8  9 10 11 12
11 12 13 14 15 16 17       9 10 11 12 13 14 15       13 14 15 16 17 18 19
18 19 20 21 22 23 24      16 17 18 19 20 21 22       20 21 22 23 24 25 26
25 26 27 28 29 30         23 24 25 26 27 28 29       27 28 29 30
                          30 31

         Juli                    August                  September
Mo Di Mi Do Fr Sa So     Mo Di Mi Do Fr Sa So     Mo Di Mi Do Fr Sa So
             1  2  3       1  2  3  4  5  6  7                1  2  3  4
 4  5  6  7  8  9 10       8  9 10 11 12 13 14        5  6  7  8  9 10 11
11 12 13 14 15 16 17      15 16 17 18 19 20 21       12 13 14 15 16 17 18
18 19 20 21 22 23 24      22 23 24 25 26 27 28       19 20 21 22 23 24 25
25 26 27 28 29 30 31      29 30 31                   26 27 28 29 30

        Oktober                 November                  Dezember
Mo Di Mi Do Fr Sa So     Mo Di Mi Do Fr Sa So     Mo Di Mi Do Fr Sa So
                1  2          1  2  3  4  5  6                1  2  3  4
 3  4  5  6  7  8  9       7  8  9 10 11 12 13        5  6  7  8  9 10 11
10 11 12 13 14 15 16      14 15 16 17 18 19 20       12 13 14 15 16 17 18
17 18 19 20 21 22 23      21 22 23 24 25 26 27       19 20 21 22 23 24 25
24 25 26 27 28 29 30      28 29 30                   26 27 28 29 30 31
31
```

Ferien in Europa	erster Ferientag	letzter Ferientag	Anzahl der freien Tage	ganze Ferienwochen
Holland	16. Juli	28. August		
England	16. Juli	29. August		
Türkei	11. Juni	13. September		
Spanien	18. Juni	11. September		
Österreich	2. Juli	4. September		
Deutschland (NRW)	9. Juli	23. August		

② Familie Krause fährt in den Sommerferien von Köln nach Berlin. Welche Strecke ist die kürzeste?

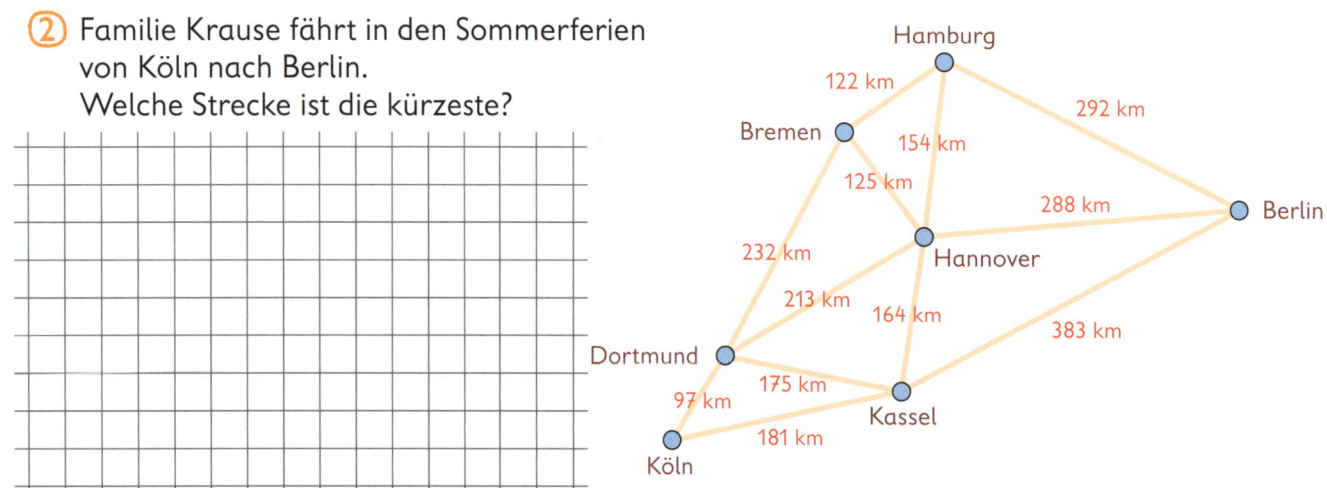

SB ▶ 114/115   AH ▶ 54   A ▶ 58

① Verbindliche Zeiten
Jeweils 10 Minuten vor Beginn einer Mahlzeit
sollen die Gruppen ihre Plätze im Speisesaal
eingenommen haben.
Jede Mahlzeit dauert ungefähr 30 Minuten.

Frühstück	8.30 Uhr
Mittagessen	13.00 Uhr
Abendbrot	18.30 Uhr
Nachtruhe	spätestens 22.20 Uhr

Wie viel Zeit bleibt für das Programm?
- am Vormittag

  von _____ Uhr bis _____ Uhr = ___ Std. und ___ min

- am Nachmittag

  von _____ Uhr bis _____ Uhr = ___ Std. und ___ min

- am Abend

  von _____ Uhr bis _____ Uhr = ___ Std. und ___ min

② Das Hallenbad in Kall ist werktags
außer samstags von 8.15 Uhr bis 13.30 Uhr
für Schulschwimmen reserviert.
„Familienbad" ist dienstags bis freitags
vor dem Schulschwimmen
von 7.00 Uhr bis 8.15 Uhr möglich.

Lies die Öffnungszeiten an Nachmittagen sowie
an Wochenenden aus der Tabelle ab und
beantworte die Fragen.

a) Wie viele Stunden pro Woche ist das Hallenbad
als Familienbad geöffnet?

b) In welchen Zeiten ist das Hallenbad werktags
am Nachmittag immer geöffnet?

Familienbad	von	bis
dienstags	14.00 Uhr	20.30 Uhr
mittwochs	15.00 Uhr	18.30 Uhr
donnerstags	14.00 Uhr	20.30 Uhr
freitags	14.00 Uhr	20.30 Uhr
samstags	8.00 Uhr	16.00 Uhr
sonntags	8.00 Uhr	12.00 Uhr

Das kann ich schon!

① Trage ein.

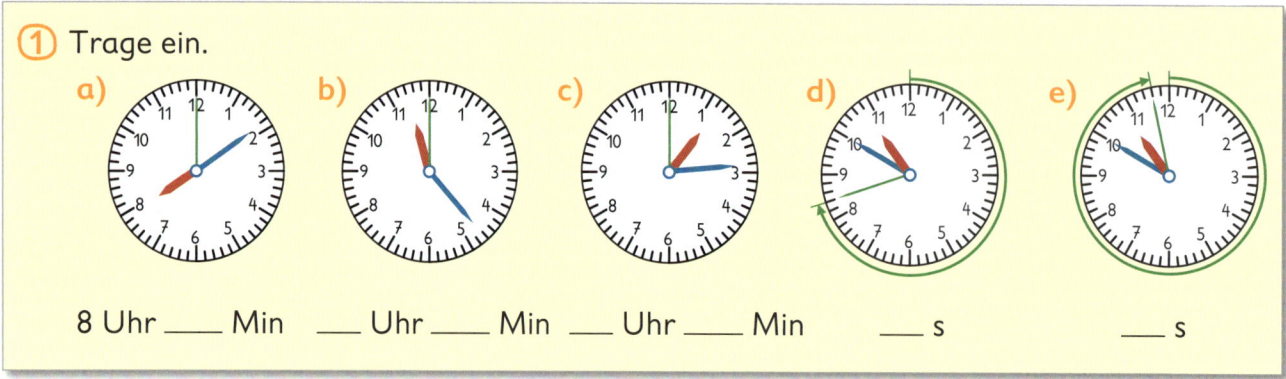

a)   b)   c)   d)   e)

8 Uhr ___ Min   ___ Uhr ___ Min   ___ Uhr ___ Min   ___ s   ___ s

② Ordne zu. Was kann sein? Male in der passenden Farbe an.

Fußballspiel	Seifenblase pusten
Kinofilm	Hände gründlich waschen
100-m-Lauf	
Vor- und Nachnamen schreiben	von 999 bis 977 rückwärtszählen
	Zähne putzen

3 Minuten   1 Minute
3 Sekunden   10 Sekunden
7 Sekunden   105 Minuten
$1\frac{1}{2}$ Minuten $1\frac{1}{2}$ Stunden

③ Welches Angebot ist günstiger? Begründe deine Entscheidung.

a)   380-g-Glas   3,50 €   400-g-Glas   4,00 €

b)   500 g   2,80 €   800 g   4,80 €

_____

_____

④ Für die Rückfahrt von der Klassenfahrt wählt die Klasse 3 a eine Zugverbindung, bei der sie nur einmal umsteigen muss.

a) Wie lange ist die Klasse insgesamt unterwegs? _____

b) Wo steigt die Klasse um?

_____

c) Wie viel Zeit steht zum Umsteigen zur Verfügung? _____

Bahnhof		Zeit
Urft	ab	9:38 Uhr
Köln Hbf.	an	10:39 Uhr
Köln Hbf.	ab	10:46 Uhr
Düsseldorf Hbf.	an	11:15 Uhr

Aufgaben für Super M-Fans – Rechnen und Spielen

① Berechne die Zahlenketten.

a)
12	24			

b)
150		210		

c)
		250		690

d)
				1 000

② **Triff die 10** – ein Spiel für 2 Personen

•☐• *Material:* Für jeden Spieler 10 Wendeplättchen in seiner Farbe.

Legt abwechselnd ein oder zwei Plättchen auf das Spielfeld. Beginnt bei Feld 1 und lasst keine Lücke. Du hast gewonnen, wenn du das Feld 10 belegen kannst.

a) Spielt das Spiel mindestens sechs Mal. Fangt abwechselnd an. Notiert jedes Mal, ob der 1. oder der 2. Spieler gewonnen hat. Fällt euch etwas auf?

b) Auf welchem Feld musst du stehen, um zu sehen, dass du auf jeden Fall gewinnen wirst? Findest du noch andere Gewinnfelder?

③ Super-Päckchen. Rechne und setze fort.

a)
```
  2 4      1 3 5      2 4 6      3 5 7              
+ 1 9 8    + 1 9 8    + 1 9 8    + 1 9 8    + 1 9 8    + 1 9 8
```

b)
```
  2 4 2    3 5 3      4 6 4      5 7 5              
− 1 9 8    − 1 9 8    − 1 9 8    − 1 9 8    − 1 9 8    − 1 9 8
```

c) Was fällt dir auf? _____

_____

_____

① Du hast diese Ziffernkarten.

Wähle zwei aus und bilde
daraus die beiden **TEE**-Zahlen.

a) Addiere die beiden **TEE**-Zahlen mit den gleichen Ziffern.
Rechne viele Aufgaben. Was fällt dir auf?

TEE-Zahlen		
1 3 3,	3 1 1	
2 5 5,	5 2 2	
1 4 4,		

Mir fällt auf, dass _____ .

b) Wie heißt das größte Ergebnis, das du finden kannst? _____

---

② Subtrahiere **TEE**-Zahlen mit den gleichen Ziffern.
Was fällt dir auf?

TEE-Aufgaben	
3 1 1	5 2 2
− 1 3 3	− 2 5 5

a)

3 1 1	4 2 2	5 3 3
− 1 3 3	− 2 4 4	− 3 5 5

b)

2 1 1	3 2 2	4 3 3
− 1 2 2	− 2 3 3	− 3 4 4

c)

3 0 0	4 1 1	5 2 2
− 0 3 3	− 1 4 4	− 2 5 5

d)

4 0 0	5 1 1
− 0 4 4	− 1 5 5

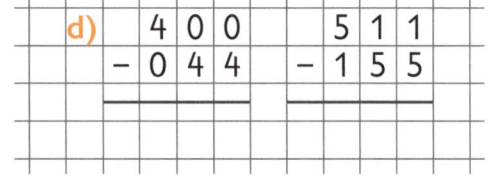

Mir fällt auf, dass _____ .

SB ▶ 122/123 AH ▶ 58 A ▶ 62

Aufgaben für Super M-Fans – geometrische Knobeleien

① Eine Figur aus vier zusammenhängenden Quadraten nennen wir Quadratvierling oder TETRAMINO.

   a) Suche alle Tetraminos und zeichne sie auf.

   b) Stelle alle Tetraminos zweimal her.

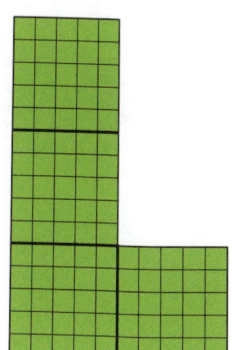 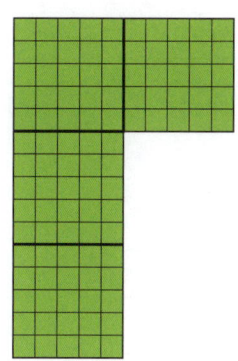

② **Solo – Legespiel mit Vierlingen**
Material: ein Spielfeld aus 6 · 6 Quadraten, diese 9 Tetraminos:

  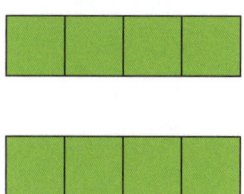  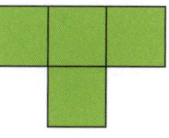 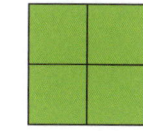

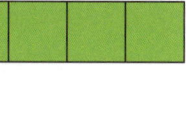 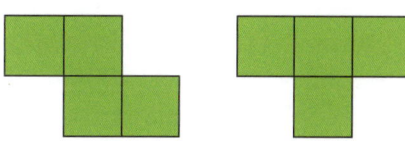

Lege die Vierlinge so auf das Spielfeld, dass sie es vollständig abdecken.

③ **Partnerspiel mit Vierlingen**
Material: Für jeden Spieler alle Tetraminos zweifach, ein Spielfeld aus 10 · 8 Quadraten.

Legt abwechselnd ein Tetramino auf das Spielfeld und versucht dabei, keine Lücke zu lassen.

Gewonnen hat der Spieler, der den letzten Vierling legen kann.

Ich belege das ganze Feld ohne Lücke.

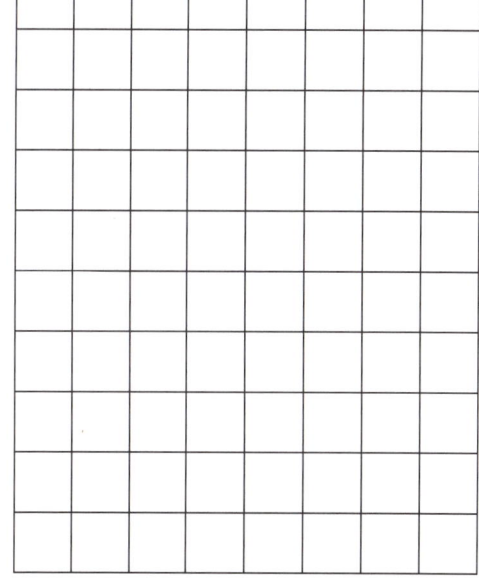

Das kann ich jetzt!

① Zahlenraum bis 1000

Zu einem Tausender gehören ____ Hunderter. Zu einem Tausender gehören ____ Zehner.

② Rechenoperationen

| Addition | Subtraktion | Multiplikation | Division |

So heißen die Ergebnisse: | Differenz | Summe | Quotient | Produkt |

Das Ergebnis einer Addition heißt _____ .

Das Ergebnis einer Subtraktion heißt _____ .

Das Ergebnis einer Multiplikation heißt _____ .

Das Ergebnis einer Division heißt _____ .

③ Zeige für jede Aufgabe, wie du rechnest: im Kopf [A] oder halbschriftlich [B].

| 5 | 6 | 7 | + | 3 | 4 | 5 | | | 6 | 2 | 8 | − | 3 | 9 | 8 | | | 2 | 2 | 7 | · | 3 | | | 7 | 9 | 2 | : | 4 | |

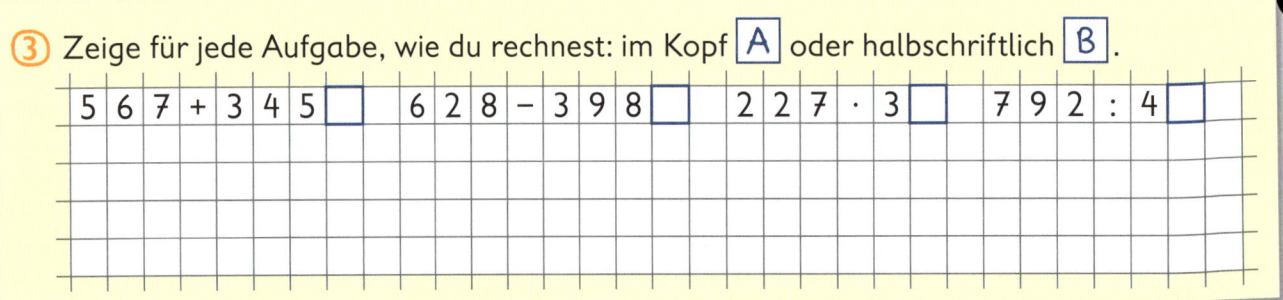

Figuren der Ebene – Flächen / Figuren des Raumes – Körper

④ Welche Flächen kennst du? _____

_____

Welche Körper kennst du? _____

_____

⑤ Auf diesem Bauplatz soll ein Würfelgebäude aus 10 Würfeln entstehen. Kein Turm darf höher als 3 Würfel sein. Die mittlere Fläche soll nicht bebaut werden. Schreibe verschiedene Baupläne.

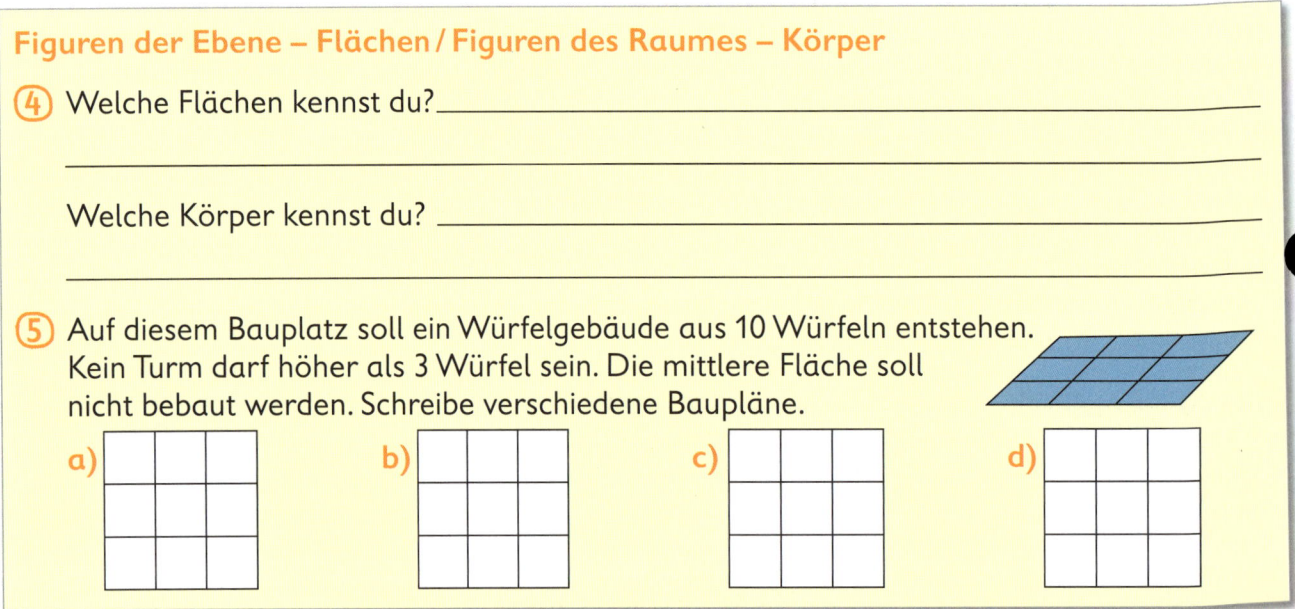

a)   b)   c)   d)

⑥ Messinstrumente und Maßeinheiten

Längen misst man mit _____ Maßeinheiten sind: _____

Volumina misst man mit _____ Maßeinheiten sind: _____

Gewichte bestimmt man mit _____ Maßeinheiten sind: _____

SB ▶ 126–135   AH ▶ 60–64   A ▶ 64